VENDRE AVEC SUCCÈS

Méthodes et Outils pour une Vente
Efficace dans l'Économie d'Aujourd'hui

C YK

TABLE DES MATIÈRES

Page de titre
Introduction — 1
Chapitre 1 : Les Bases des Techniques de Vente — 3
Chapitre 2 : Comprendre le Cycle de Vente — 13
Chapitre 3 : La Psychologie de l'Acheteur — 23
Chapitre 4 : Exemples de Processus de Vente Efficaces — 38
Chapitre 5 : Techniques Avancées de Vente — 54
Chapitre 6 : Développement Personnel et Professionnel du Vendeur — 70
Chapitre 7 : Tendances et Innovations dans la Vente — 87
Conclusion — 106

INTRODUCTION

La vente est l'un des aspects les plus fondamentaux et universels du monde professionnel. De la petite entreprise familiale à la multinationale, la capacité à vendre des produits ou des services reste le cœur de toute activité économique. Pourtant, malgré cette importance incontestable, la vente est souvent mal comprise et négligée. Ce livre vise à combler cette lacune en offrant une compréhension approfondie et pratique des fondamentaux de la vente.

Notre monde évolue rapidement, porté par des innovations technologiques incessantes et des changements économiques globaux. Dans ce contexte, les techniques et approches de la vente doivent elles aussi s'adapter. Ce livre propose une exploration complète des techniques de vente traditionnelles et modernes, en mettant en lumière non seulement les méthodes éprouvées, mais aussi les nouvelles tendances et technologies qui redéfinissent le domaine.

Cet ouvrage se destine aussi bien aux novices désireux de se lancer dans une carrière en vente qu'aux professionnels expérimentés cherchant à affiner leurs compétences. Nos objectifs sont multiples : fournir des bases solides, explorer le cycle de vente de manière détaillée, approfondir la compréhension de la psychologie de l'acheteur, et présenter des exemples concrets de processus de vente efficaces et des techniques avancées. En combinant théorie et pratique, nous espérons offrir un guide complet qui contribue au développement personnel et professionnel de chaque lecteur.

La vente n'est pas simplement une question de transactions. C'est un art, une science et une discipline qui nécessite des compétences variées, allant de la communication et de la négociation à la compréhension psychologique et à l'utilisation d'outils numériques. À travers ce livre, nous explorerons ces différentes dimensions, en fournissant des conseils pratiques et des stratégies pour réussir dans ce domaine exigeant mais gratifiant.

En vous invitant à parcourir ces pages, nous espérons que ce voyage à travers les fondamentaux de la vente vous apportera non seulement des connaissances précieuses, mais aussi l'inspiration pour exceller et innover dans votre carrière professionnelle.

CHAPITRE 1 : LES BASES DES TECHNIQUES DE VENTE

1.1 Qu'est-ce que la vente ?

La vente constitue l'acte de proposer un produit ou un service en échange d'une compensation, généralement financière. C'est une interaction entre un vendeur et un acheteur dans laquelle le vendeur identifie les besoins de l'acheteur, présente une solution adaptée, et conclut la transaction de manière satisfaisante pour les deux parties.

La vente ne se limite pas à l'échange de biens matériels. Elle inclut également la vente de services, d'idées, et même de soi-même, comme dans le cas des entretiens d'embauche. Quel que soit le contexte, la vente repose sur la capacité à persuader et à établir des relations de confiance.

Historiquement, la vente a évolué de manière significative. Dans les sociétés anciennes, le troc était la forme prédominante d'échange. Avec l'apparition des monnaies, la vente est devenue une activité plus structurée, contribuant par la suite à l'émergence des marchés et des économies modernes. Au fil du temps, les techniques de vente se sont adaptées aux changements sociaux, économiques et technologiques, aboutissant à une discipline sophistiquée.

L'objectif principal de la vente est de créer de la valeur pour les deux parties. Pour les entreprises, la vente est donc essentielle non seulement pour générer des revenus, mais aussi pour comprendre le marché, améliorer les produits et services, et renforcer les relations avec les clients. Du point de vue du client, une vente réussie se traduit par la satisfaction de ses besoins et la résolution de ses problèmes.

Cela nous amène à une composante cruciale de la vente : la compréhension des besoins du client. Une vente efficace requiert de diagnostiquer ces besoins avec précision et de proposer des solutions pertinentes. Les vendeurs doivent donc être non seulement de bons communicateurs mais aussi de bons auditeurs.

En conclusion, la vente est bien plus qu'une simple transaction. Elle est le fondement de la relation commerciale, un processus dynamique qui implique connaissance, compétence et empathie pour aboutir à une satisfaction mutuelle. Tandis que les outils et les techniques peuvent évoluer avec le temps, l'essence de la vente — établir et maintenir des relations de confiance — reste constante.

1.2 Les différents types de vente

La vente est une activité diversifiée qui peut se présenter sous de multiples formes, chacune avec ses propres caractéristiques, techniques et défis. Voici un aperçu des principaux types de vente :

Vente directe

La vente directe se caractérise par une interaction face à face entre le vendeur et l'acheteur. C'est la forme la plus traditionnelle de vente, utilisée dans les magasins de détail, les foires commerciales, et lors de présentations personnelles. Les vendeurs directs doivent posséder d'excellentes compétences en communication et savoir interpréter les signaux non verbaux pour adapter leur discours.

Vente en ligne

Avec l'essor de l'internet, la vente en ligne est devenue omniprésente. Elle inclut le commerce électronique via des sites web, les plateformes de vente en ligne comme Amazon, et les réseaux sociaux. Les vendeurs en ligne doivent maîtriser les outils numériques, le marketing digital, et offrir une expérience utilisateur irréprochable pour attirer et fidéliser les clients.

Vente au détail

La vente au détail se produit dans des établissements où les produits sont vendus directement aux consommateurs finaux. Ces points de vente peuvent être des magasins physiques ou virtuels. La vente au détail requiert une présentation soignée des produits et une connaissance approfondie des techniques de merchandising.

Vente B2B (Business to Business)

La vente B2B concerne les transactions entre entreprises plutôt qu'entre une entreprise et les consommateurs. Les cycles de vente en B2B sont généralement plus longs et impliquent plusieurs décideurs. Les vendeurs B2B doivent développer des relations durables, comprendre les besoins complexes de leurs clients et offrir des solutions sur mesure.

Vente consultative

La vente consultative repose sur une approche où le vendeur agit comme un conseiller. Plutôt que de simplement présenter un produit, le vendeur analyse les besoins spécifiques du client et recommande les solutions les plus adaptées. Cette méthode nécessite des compétences approfondies en diagnostic et en résolution de problèmes.

Vente relationnelle

Dans la vente relationnelle, la construction et le maintien de relations à long terme sont primordiaux. Les vendeurs se concentrent sur la fidélisation des clients en fournissant un service de qualité et en établissant une confiance mutuelle. Cette approche est courante dans les secteurs où le service après-vente est crucial.

Vente par téléphone (télémarketing)

Le télémarketing est une forme de vente directe effectuée par téléphone. Les vendeurs doivent se montrer très persuasifs et disposer d'une excellente capacité à construire des relations instantanément. C'est une technique répandue pour les campagnes de prospection et les suivis clients.

Vente sur le terrain

La vente sur le terrain, ou externe, implique que le vendeur se déplace pour rencontrer les clients potentiels. Cette approche est souvent utilisée pour les ventes complexes, nécessitant des démonstrations produits ou des négociations approfondies. Les vendeurs sur le terrain doivent être autonomes et bien organisés pour gérer efficacement leur emploi du temps et leurs déplacements.

Vente en gros

La vente en gros consiste à vendre de grandes quantités de produits à des détaillants ou d'autres entreprises, plutôt qu'à des consommateurs individuels. Elle nécessite des compétences en négociation et une compréhension des dynamiques de la chaîne d'approvisionnement.

Conclusion

Chacun de ces types de vente exige des compétences et des approches spécifiques. Comprendre les particularités de chaque type permet aux vendeurs de choisir les stratégies les plus adaptées à leur domaine et à leur public cible. En étant versatiles et en maîtrisant plusieurs techniques de vente, les vendeurs peuvent maximiser leurs chances de succès dans divers contextes.

1.3 Les compétences clés du vendeur

Pour exceller dans le domaine de la vente, il est crucial de développer un ensemble de compétences spécifiques. Ces compétences sont variées et couvrent plusieurs aspects de l'interaction humaine, de la compréhension des produits à la gestion du temps. Voici les compétences clés que tout vendeur doit posséder :

Communication

La compétence de communication est au cœur de toute activité de vente. Un bon vendeur doit être capable d'articuler clairement les caractéristiques et avantages d'un produit ou d'un service. Cela inclut non seulement la communication verbale, mais aussi la capacité à écrire des courriels efficaces et à utiliser d'autres moyens de communication comme les présentations visuelles.

Écoute active

L'écoute active est essentielle pour comprendre les besoins, préoccupations et objections des clients. Elle consiste à prêter une attention totale à ce que dit l'autre personne, à poser des questions pertinentes et à reformuler les réponses pour s'assurer de bien comprendre. Cette compétence permet de construire une relation de confiance avec le client.

Persuasion

La persuasion est l'art d'influencer les décisions des autres. Un bon vendeur sait comment présenter des arguments convaincants qui répondent aux besoins spécifiques du client. Il utilise des techniques de persuasion pour lui montrer que le produit ou service proposé est la meilleure solution.

Négociation

La négociation est une compétence cruciale, surtout dans les ventes complexes et les transactions à fort enjeu. Elle implique de trouver un terrain d'entente où les deux parties se sentent gagnantes. Les bons négociateurs savent quand faire des concessions et comment obtenir des avantages supplémentaires pour leurs clients.

Gestion du temps

La gestion efficace du temps permet aux vendeurs de maximiser leur productivité. Cela inclut la planification des rendez-vous, le suivi des prospects, et l'organisation des tâches quotidiennes pour éviter le stress et les retards. Une bonne gestion du temps est indispensable pour atteindre les objectifs de vente.

Connaissance du produit

Une connaissance approfondie du produit ou service vendu est indispensable pour répondre aux questions des clients et pour surmonter les objections. Les vendeurs doivent comprendre non seulement les caractéristiques techniques, mais aussi les avantages concurrentiels et les points de différenciation.

Empathie

L'empathie aide à comprendre et à partager les sentiments des clients. En montrant de l'empathie, les vendeurs peuvent mieux répondre aux besoins émotionnels et pratiques de leurs clients, ce qui renforce la relation de confiance et facilite la conclusion de la vente.

Résilience

Le rejet fait partie intégrante de la profession de vendeur. La résilience permet de surmonter les refus et de persévérer malgré les difficultés. Les vendeurs résilients voient les échecs comme des opportunités d'apprentissage et restent motivés pour atteindre leurs objectifs.

Flexibilité

Les situations de vente peuvent varier considérablement, et les vendeurs doivent être capables de s'adapter rapidement à de nouvelles informations, environnements et types de clients. La flexibilité permet de réagir de manière appropriée et efficace à ces changements.

Gestion des objections

Savoir gérer les objections est essentiel pour transformer les résistances en opportunités. Cela nécessite une écoute attentive, une compréhension profonde des préoccupations du client, et la capacité à fournir des réponses convaincantes qui dissipent les doutes et réassurent le client.

Conclusion

Maîtriser ces compétences clés est indispensable pour réussir dans le monde de la vente. Chaque compétence contribue à créer une expérience positive pour le client et à augmenter les chances de conclure des ventes réussies. En travaillant continuellement sur ces compétences, les vendeurs peuvent rester compétitifs et performants dans un environnement en constante évolution.

1.4 Les étapes d'une vente réussie

Pour qu'une vente soit couronnée de succès, elle doit suivre un processus structuré et logique. Ce processus se compose de plusieurs étapes clés, chacune ayant ses propres objectifs et techniques. Voici les principales étapes d'une vente réussie :

1. Prospection

La prospection est la première étape du processus de vente, consistant à identifier des clients potentiels. Cela peut se faire par divers moyens, tels que la recherche en ligne, les bases de données, les événements de réseautage, et les recommandations. L'objectif est de créer une liste de prospects à approcher.

2. Prise de contact

Une fois les prospects identifiés, l'étape suivante est de les contacter. Cela peut se faire par téléphone, e-mail, ou via des messages sur les réseaux sociaux. La clé est de capter l'attention du prospect et de susciter son intérêt pour provoquer une prise de rendez-vous ou une discussion plus approfondie.

3. Qualification

La qualification consiste à évaluer si le prospect a réellement besoin de ce que vous proposez, s'il a le budget nécessaire et s'il est dans la capacité de prendre une décision d'achat. Cette étape permet de concentrer les efforts sur les prospects les plus prometteurs, économisant ainsi du temps et des ressources.

4. Présentation

Une fois le prospect qualifié, on passe à la présentation du produit ou service. Cette étape doit mettre en lumière les caractéristiques et les avantages de votre offre, en les alignant sur les besoins et attentes spécifiques du client. Utilisez des démonstrations, des études de cas, et des témoignages pour renforcer l'argumentaire.

5. Gestion des objections

Les objections sont courantes dans le processus de vente. Il peut s'agir de préoccupations sur le prix, les fonctionnalités ou la concurrence. Savoir gérer ces objections de manière adéquate est crucial. Écoutez attentivement, répondez avec des arguments solides, et réassurez le client sur les points de friction.

6. Conclusion

La conclusion est l'étape où l'on finalise l'accord. Elle implique généralement de négocier les termes et de formaliser l'achat. Les compétences en négociation et en persuasion sont essentielles ici pour obtenir un accord qui soit satisfaisant pour toutes les parties. Une conclusion réussie se termine par la signature d'un contrat ou la réalisation d'une commande.

7. Suivi après-vente

Le suivi après-vente est souvent négligé, mais il est crucial pour assurer la satisfaction du client et favoriser la rétention et la fidélisation. Contactez le client pour vous assurer qu'il est satisfait de son achat et pour répondre à toute question ou préoccupation. Un suivi efficace peut également ouvrir la porte à des ventes futures et des recommandations.

Conclusion

Comprendre et maîtriser ces étapes est essentiel pour réussir dans la vente. Chaque étape, de la prospection au suivi après-vente, joue un rôle critique dans le déroulement global du processus de vente. En suivant méthodiquement ces étapes, les vendeurs peuvent augmenter leur taux de conversion, satisfaire leurs clients et bâtir une relation de confiance durable.

CHAPITRE 2 : COMPRENDRE LE CYCLE DE VENTE

Après avoir exploré les bases des techniques de vente, il est essentiel de comprendre comment ces techniques s'intègrent dans un processus plus vaste. Le cycle de vente, qui constitue la colonne vertébrale de toute activité commerciale réussie, organise les différentes étapes que vous devez suivre pour convertir un prospect en client satisfait. Ce chapitre vous guidera à travers ces étapes en vous expliquant leur importance et en vous fournissant des stratégies pour optimiser chaque phase du cycle de vente.

2.1 Définition et importance du cycle de vente

Le cycle de vente est un processus structuré comprenant une série d'étapes que traversent les vendeurs, depuis la prospection initiale jusqu'à la conclusion de la vente et au suivi après-vente. Il sert de cadre aux actions qu'un professionnel de la vente doit entreprendre pour convertir des prospects en clients satisfaits et fidélisés.

Le cycle de vente varie en longueur et en complexité selon le secteur, le marché cible et le type de produit ou service proposé. Toutefois, bien que les détails puissent différer, la plupart des cycles de vente incluent des étapes similaires qui jalonnent le parcours de vente.

Définition

Le cycle de vente peut être défini comme la succession d'actions organisées qu'une force de vente utilise pour transformer des prospects en clients. Il englobe toutes les interactions avec les prospects et les clients, de la détection des opportunités à la gestion des relations post-vente. Chaque étape est conçue pour faire progresser le prospect dans le pipeline de vente jusqu'à la clôture de la transaction.

Importance

L'importance du cycle de vente réside dans plusieurs aspects cruciaux pour la réussite commerciale d'une entreprise :

1. **Standardisation des processus**
   Un cycle de vente bien défini permet de standardiser les pratiques de vente, garantissant une approche cohérente et efficace. Cela facilite également la formation des nouveaux vendeurs, en leur fournissant un cadre à suivre.

2. **Suivi et gestion des performances**
   Disposer d'un cycle de vente structuré permet de suivre

les performances à chaque étape. Les managers peuvent analyser les taux de conversion, identifier les points de blocage, et ajuster les stratégies en conséquence pour améliorer l'efficacité globale.

3. **Amélioration de la prévisibilité**
Avec un cycle de vente clair, il devient plus facile de prévoir les revenus futurs et de planifier les ressources en conséquence. La prévisibilité aide à établir des objectifs réalistes et à piloter l'entreprise de manière stratégique.

4. **Renforcement de la relation client**
Le cycle de vente inclut des étapes de suivi qui sont essentielles pour renforcer la relation avec les clients. En garantissant une communication continue et un service après-vente de qualité, les entreprises augmentent la satisfaction et la fidélité des clients.

5. **Efficacité de la gestion des leads**
La définition précise des étapes du cycle de vente permet une gestion plus efficace des leads. Les vendeurs peuvent qualifier les prospects plus rapidement, prioriser les opportunités les plus prometteuses et optimiser leur temps et leurs efforts.

6. **Identification des opportunités de formation**
En analysant les performances à chaque étape du cycle de vente, les entreprises peuvent identifier les domaines où les vendeurs ont besoin de formation ou de développement, ce qui conduit à une amélioration continue des compétences de l'équipe de vente.

Conclusion

En somme, le cycle de vente est un outil indispensable pour toute équipe de vente. Il propose une feuille de route claire, améliore la gestion des performances, et renforce les relations à long terme avec les clients. En comprenant et en optimisant chaque étape du cycle de vente, les vendeurs peuvent non seulement améliorer leurs taux de conversion, mais aussi la satisfaction et la fidélité de leurs clients, ce qui est essentiel pour le succès durable de l'entreprise.

2.2 Les étapes du cycle de vente

Le cycle de vente est une séquence d'étapes clairement définies, chacune jouant un rôle crucial dans la conversion des prospects en clients. Voici les principales étapes du cycle de vente :

1. Prospection

La prospection est la première étape du cycle de vente. Elle consiste à identifier et à trouver des prospects potentiels. Les méthodes de prospection peuvent inclure la recherche en ligne, la participation à des événements de réseautage, l'utilisation de bases de données, et le marketing entrant. L'objectif est de créer une liste de contacts qualifiés qui pourraient être intéressés par vos produits ou services.

2. Prise de contact

Une fois les prospects identifiés, la prochaine étape est de prendre contact avec eux. Cela peut se faire par téléphone, par e-mail, ou via les réseaux sociaux. L'objectif est de capter l'attention du prospect, de susciter son intérêt et de planifier une réunion ou une démonstration.

3. Qualification des prospects

La qualification consiste à évaluer si le prospect a le potentiel de devenir un client. Cela implique de poser des questions pour comprendre ses besoins, son budget, et son pouvoir de décision. Cette étape permet de concentrer vos efforts sur les prospects les plus prometteurs et de maximiser vos chances de succès.

4. Présentation et démonstration

Une fois les prospects qualifiés, vous pouvez passer à la présentation et à la démonstration de votre produit ou service. Cela peut inclure des démonstrations en direct, des présentations détaillées, et la fourniture d'études de cas ou de témoignages de clients. L'objectif est de montrer comment votre offre peut résoudre les problèmes spécifiques du prospect.

5. Gestion des objections

Il est courant que les prospects soulèvent des objections ou des préoccupations avant de prendre une décision d'achat. Cette étape consiste à écouter attentivement ces objections, à y répondre de manière complète et convaincante, et à rassurer le prospect sur les aspects qui pourraient le freiner. Une gestion efficace des objections est essentielle pour avancer vers la conclusion de la vente.

6. Conclusion de la vente

La conclusion est l'étape où vous finalisez la transaction avec le client. Cela peut impliquer la négociation des termes, la rédaction d'un contrat, ou la finalisation d'une commande. Cette étape nécessite souvent des compétences en négociation pour s'assurer que les deux parties sont satisfaites de l'accord.

7. Suivi après-vente

Une fois la vente conclue, le suivi après-vente est crucial pour garantir la satisfaction du client et encourager la fidélisation à long terme. Cette étape peut inclure des appels de suivi, l'envoi de courriels de remerciement, et la gestion du service client. Un suivi efficace peut également fournir des opportunités pour des ventes supplémentaires et des recommandations.

Conclusion

Comprendre et maîtriser ces étapes du cycle de vente est essentiel pour réussir dans le domaine de la vente. Chaque étape joue un rôle important dans la progression des prospects à travers le cycle et dans l'établissement de relations solides avec les clients. En suivant méthodiquement ces étapes, les vendeurs peuvent améliorer leurs taux de conversion et contribuer à la croissance et au succès de leur entreprise.

2.3 Outils et techniques pour chaque étape du cycle

Chaque étape du cycle de vente bénéficie de l'utilisation d'outils et de techniques spécifiques qui permettent d'optimiser l'efficacité et d'augmenter les chances de succès. Voici un aperçu des principaux outils et techniques pour chaque étape du cycle de vente :

1. Prospection

- **Outils** :
  - Logiciels de CRM (Customer Relationship Management) : Salesforce, HubSpot CRM, Zoho CRM
  - Plateformes de génération de leads : LinkedIn Sales Navigator, Hunter.io, Clearbit
  - Outils d'automatisation de prospection : Outreach, SalesLoft

- **Techniques** :
  - Utilisation de scripts téléphoniques pour l'appel à froid
  - Mise en place de campagnes de marketing par e-mail
  - Participation à des événements de réseautage et des salons professionnels
  - Recherche et utilisation de recommandations et de références de clients existants

2. Prise de contact

- **Outils** :
  - Outils de messagerie et d'e-mailing : Gmail, Outlook, Mailchimp
  - Services de messagerie instantanée et de chat en direct : Slack, Intercom
  - Plateformes de webinaires et de vidéoconférences : Zoom, Microsoft Teams, GoToWebinar

- **Techniques** :
    - Envoi de messages personnalisés et pertinents
    - Suivi rapide et systématique des contacts initiaux
    - Utilisation de la proposition de valeur unique pour capter l'intérêt
    - Planification de rendez-vous via des outils de prise de rendez-vous en ligne

3. Qualification des prospects

- **Outils** :
    - Formulaires de qualification des leads dans les CRM
    - Outils d'analyse des données de prospects : Google Analytics, Hotjar
    - Enquêtes et questionnaires en ligne : SurveyMonkey, Typeform
- **Techniques** :
    - Utilisation des techniques de qualification BANT (Budget, Authority, Need, Timing) ou CHAMP (Challenges, Authority, Money, Prioritization)
    - Conduite d'entretiens téléphoniques ou en face à face pour collecter des informations détaillées
    - Analyse des interactions passées et des données de comportement en ligne
    - Mise en place de critères de qualification clairs et objectifs

4. Présentation et démonstration

- **Outils** :
    - Logiciels de présentation : PowerPoint, Google Slides, Prezi
    - Outils de démonstration interactifs : Loom, ScreenFlow
    - Contenus de marketing : brochures, vidéos, études de cas, témoignages

- **Techniques** :
  - Adaptation des présentations aux besoins spécifiques des prospects
  - Utilisation de témoignages et d'études de cas pertinents
  - Démonstrations en direct et essais gratuits pour illustrer la valeur du produit ou service
  - Capacités de storytelling pour rendre la présentation mémorable et persuasive

5. Gestion des objections

- **Outils** :
  - Bases de connaissances et FAQ internes
  - Guides de réponse aux objections dans les CRM
  - Outils de sondage pour collecter des objections courantes : Google Forms
- **Techniques** :
  - Écoute active et compréhension profonde des préoccupations du prospect
  - Réponses immédiates et bien argumentées aux objections
  - Utilisation de preuves sociales telles que des études de cas et des avis clients
  - Techniques de reformulation pour clarifier et résoudre les objections

6. Conclusion de la vente

- **Outils** :
  - Logiciels de signature électronique : DocuSign, Adobe Sign
  - Outils de gestion des contrats : PandaDoc, Sertifi
  - Systèmes de paiement en ligne : PayPal, Stripe
- **Techniques** :
  - Utilisation de techniques de clôture telles que la clôture assumée, l'alternative ou le "maintenant ou jamais"

- Clarté et transparence dans la présentation des termes et conditions
- Vérification et révision des contrats pour éviter les erreurs
- Suivi rapide pour assurer la signature et l'exécution des contrats

7. Suivi après-vente

- **Outils :**
  - Logiciels de gestion de la relation client (CRM) : Salesforce, HubSpot CRM
  - Outils d'enquête de satisfaction des clients : SurveyMonkey, Net Promoter Score (NPS)
  - Plateformes de gestion du support client : Zendesk, Freshdesk
- **Techniques :**
  - Communication régulière par e-mail ou téléphone pour vérifier la satisfaction du client
  - Enquêtes de satisfaction post-achat pour recueillir des retours
  - Programme de fidélisation et de récompenses pour encourager les clients à revenir
  - Gestion proactive des problèmes et des plaintes pour maintenir une relation positive

Conclusion

En utilisant les outils et techniques appropriés à chaque étape du cycle de vente, les vendeurs peuvent améliorer leur efficacité et augmenter leurs taux de conversion. Une approche structurée et bien outillée permet de créer un processus de vente fluide, d'assurer un suivi précis et de construire des relations durables avec les clients.

CHAPITRE 3 : LA PSYCHOLOGIE DE L'ACHETEUR

Maintenant que vous avez une vue d'ensemble du cycle de vente, il est crucial de se concentrer sur le cœur de toute transaction : l'acheteur. Comprendre la psychologie de l'acheteur vous permet d'adapter vos approches à ses motivations et à ses comportements spécifiques. Ce chapitre vous fournira les clés pour mieux cerner les besoins et les désirs de vos clients, ce qui vous permettra de personnaliser vos techniques de vente et d'améliorer votre efficacité à chaque étape du cycle de vente.

3.1 Comprendre les besoins et les motivations de l'acheteur

La compréhension des besoins et des motivations de l'acheteur est une compétence essentielle pour tout vendeur. Un vendeur efficace doit être capable de cerner les raisons profondes qui poussent un client à envisager un achat. Cela va au-delà des caractéristiques du produit ou du service et touche à des aspects plus profonds tels que les désirs, les frustrations et les objectifs personnels ou professionnels des acheteurs.

Identification des besoins

Les besoins d'un acheteur peuvent être explicites ou implicites. Les besoins explicites sont ceux que l'acheteur exprime clairement, comme la recherche d'une solution pour résoudre un problème spécifique. À l'inverse, les besoins implicites ne sont pas toujours formulés par l'acheteur, mais ils peuvent être discernés grâce à une évaluation attentive de sa situation et de son comportement.

Pour identifier ces besoins, le vendeur peut utiliser diverses techniques telles que l'écoute active, les questions ouvertes, et l'observation attentive. Les questions ouvertes permettent de recueillir des informations détaillées et incitent l'acheteur à exprimer ses préoccupations et ses attentes de manière plus complète.

Motivation de l'acheteur

Une fois les besoins identifiés, il est crucial de comprendre ce qui motive l'acheteur à agir. Les motivations peuvent être variées et se regroupent généralement en deux catégories principales : les motivations rationnelles et les motivations émotionnelles.

- **Motivations rationnelles** : Elles sont basées sur des faits et des logiques. Par exemple, un acheteur peut être motivé par le rendement financier, l'efficacité ou la durabilité d'un produit. Ces motivations sont

souvent influencées par les spécifications techniques, les performances et le rapport qualité-prix.
- **Motivations émotionnelles** : Elles relèvent des sentiments et des émotions. Par exemple, un acheteur peut être motivé par le désir de sécurité, de statut social ou de satisfaction personnelle. Bien que moins tangibles, ces motivations jouent un rôle significatif dans le processus de décision d'achat.

Modèles de motivation

Plusieurs modèles théoriques peuvent aider à comprendre les motivations de l'acheteur. L'un des plus connus est la hiérarchie des besoins de Maslow, qui classe les besoins humains en cinq niveaux : besoins physiologiques, besoins de sécurité, besoins sociaux, besoins d'estime, et besoin d'accomplissement personnel. Ce modèle peut être utilisé pour identifier les motivations sous-jacentes à l'achat.

Un autre modèle important est la théorie des deux facteurs de Herzberg, qui divise les facteurs de motivation en deux catégories : les facteurs de satisfaction et les facteurs d'insatisfaction. Les premiers incluent des éléments comme la reconnaissance et l'accomplissement, tandis que les seconds comprennent des aspects tels que les conditions de travail et la politique de l'entreprise.

Techniques pour discerner les motivations

Pour mieux comprendre les motivations de l'acheteur, les vendeurs peuvent utiliser plusieurs techniques :
- **Interview approfondie** : Conduire des entretiens en posant des questions ciblées pour découvrir les motivations sous-jacentes.
- **Analyse des comportements d'achat passés** : Observer les achats précédents pour identifier des schémas et des préférences.
- **Observation** : Prêter attention aux indices verbaux et

non verbaux lors des interactions avec les clients.
- **Feedback direct** : Demander aux clients de partager leurs motivations et attentes.

Conclusion

Comprendre les besoins et les motivations de l'acheteur est un prérequis pour toute vente réussie. Cette connaissance permet aux vendeurs d'adapter leur approche, de proposer des solutions pertinentes et de créer une expérience client positive. En maîtrisant l'art de discerner les besoins explicites et implicites, ainsi que les motivations rationnelles et émotionnelles, les vendeurs peuvent établir des relations solides et durables avec leurs clients, maximisant ainsi leurs chances de conclure des ventes.

3.2 Les différents types d'acheteurs et leurs comportements

Les acheteurs ne sont pas tous identiques; ils peuvent être catégorisés selon différents critères basés sur leurs comportements, motivations et processus de décision. Connaître ces types et comprendre leurs comportements spécifiques permettent aux vendeurs de mieux cibler leurs approches et d'adapter leurs stratégies de vente.

1. L'acheteur analytique

Les acheteurs analytiques sont des individus méthodiques et orientés vers les données. Ils préfèrent prendre des décisions basées sur des faits concrets, des statistiques, et des preuves tangibles. Ces acheteurs ont tendance à être minutieux et à prendre leur temps avant de conclure une vente.

- **Caractéristiques :**
    - Réclament des informations détaillées et techniques.
    - Comparent soigneusement les options disponibles.
    - Souvent sceptiques et posent beaucoup de questions.
- **Approche de vente :**
    - Fournir des documents techniques, des études de cas et des rapports d'expertise.
    - Se concentrer sur les avantages mesurables et les preuves tangibles.
    - Être patient et fournir des réponses précises à leurs questions.

2. L'acheteur impulsif

Les acheteurs impulsifs prennent des décisions rapidement et souvent sur un coup de tête. Ils sont fortement influencés par les émotions et les premières impressions. Le produit doit immédiatement capter leur attention et répondre à un besoin perçu instantanément.

- **Caractéristiques :**
  - Prend des décisions rapides et spontanées.
  - Se laisse facilement influencer par les promotions et les offres spéciales.
  - Attentif à l'apparence et aux caractéristiques superficielles.
- **Approche de vente :**
  - Utiliser des présentations visuellement attrayantes.
  - Créer un sentiment d'urgence avec des offres limitées dans le temps.
  - Focus sur les bénéfices immédiats et les résultats rapides.

3. L'acheteur relationnel

Les acheteurs relationnels valorisent les relations personnelles et la confiance. Ils préfèrent acheter à des vendeurs avec lesquels ils ont établi une connexion et ressentent une fidélité.

- **Caractéristiques :**
  - Privilégient les interactions humaines et les relations à long terme.
  - Attendent un service personnalisé et un soutien continu.
  - Se fient aux recommandations et aux témoignages.
- **Approche de vente :**
  - Construire une relation de confiance dès le début.
  - Offrir un service après-vente exemplaire.
  - Utiliser des témoignages de clients satisfaits et des références.

4. L'acheteur économique

Ces acheteurs sont motivés par le prix et cherchent systématiquement les meilleures offres. Ils sont attentifs aux coûts et sont susceptibles de choisir l'option la moins chère qui répond à leurs besoins.

- **Caractéristiques :**
    - Fortement influencés par les prix et les remises.
    - Compare différentes offres pour obtenir le meilleur rapport qualité-prix.
    - Peut être prêt à sacrifier certaines fonctionnalités pour économiser de l'argent.
- **Approche de vente :**
    - Mettre en avant les réductions, les promotions et les offres spéciales.
    - Présenter une justification solide pour le rapport qualité-prix.
    - Montrer comment l'offre peut réaliser des économies à long terme.

5. L'acheteur novateur

Les acheteurs novateurs sont toujours à la recherche des dernières tendances et des nouvelles technologies. Ils aiment être les premiers à adopter des produits et sont motivés par l'innovation et l'exclusivité.

- **Caractéristiques :**
    - Curieux et ouverts aux nouvelles idées.
    - Prêts à payer plus cher pour obtenir les dernières avancées.
    - Influencés par les tendances du marché et les recommandations d'experts.
- **Approche de vente :**
    - Mettre en avant les caractéristiques innovantes et les technologies de pointe.
    - Offrir des avant-premières et des produits exclusifs.
    - Utiliser des experts et des leaders d'opinion pour valider les nouveautés.

Conclusion

Reconnaître les différents types d'acheteurs et leurs comportements permet aux vendeurs d'ajuster leurs stratégies pour répondre aux attentes spécifiques de chaque type. En adoptant une approche ciblée, les vendeurs peuvent augmenter leur efficacité, mieux convaincre leurs prospects et, en fin de compte, conclure plus de ventes. La clé réside dans l'observation attentive et l'adaptabilité pour répondre de manière appropriée aux différents profils d'acheteurs.

3.3 Techniques pour influencer positivement l'acheteur

Influencer positivement l'acheteur est une compétence cruciale pour tout professionnel de la vente. Il ne s'agit pas de manipuler, mais de guider le client vers une décision d'achat éclairée et bénéfique pour lui. Voici quelques techniques éprouvées pour influencer positivement les acheteurs :

1. Utilisation de la preuve sociale

La preuve sociale est une technique puissante qui consiste à montrer que d'autres personnes approuvent ou utilisent déjà le produit ou le service. Les témoignages clients, les avis en ligne, et les études de cas sont des outils efficaces pour rassurer les acheteurs sur la valeur et la fiabilité de votre offre.

- **Approches :**
    - Présenter des témoignages de clients satisfaits et des études de cas.
    - Montrer des avis positifs et des évaluations à haute note.
    - Utiliser les chiffres de ventes ou les listes de clients prestigieux pour renforcer la crédibilité.

2. Principe de réciprocité

Le principe de réciprocité se base sur l'idée que les gens ont tendance à rendre des faveurs ou services. En fournissant des informations gratuites, des démonstrations ou des échantillons, les vendeurs peuvent inciter les acheteurs à ressentir une obligation positive de réciprocité, augmentant ainsi leurs chances de conclure une vente.

- **Approches :**
    - Offrir des échantillons gratuits ou des démonstrations de produit.
    - Proposer des guides, des conseils ou des consultations gratuits.

- Fournir des informations utiles et gratuites qui ajoutent de la valeur.

3. Création d'un sentiment d'urgence

Créer un sentiment d'urgence peut encourager les acheteurs à prendre des décisions rapidement. Cela peut être réalisé en mettant en avant des offres limitées dans le temps, des stocks limités, ou des promotions spéciales.

- **Approches :**
    - Utiliser des offres limitées dans le temps pour inciter à l'action.
    - Mettre en évidence la rareté du produit ou les stocks limités.
    - Proposer des promotions ou des réductions spéciales qui expirent bientôt.

4. Autorité et crédibilité

La perception de l'autorité et de la crédibilité influence fortement les décisions d'achat. En se positionnant en tant qu'expert dans leur domaine, les vendeurs peuvent renforcer la confiance et l'appropriation de leurs recommandations par les acheteurs.

- **Approches :**
    - Démontrer une expertise approfondie et une connaissance du produit.
    - Utiliser des certifications, des qualifications ou des reconnaissances d'industrie.
    - Partager des contenus éducatifs et des analyses spécialisées.

5. Sympathie et relation personnelle

Les gens sont plus enclins à acheter auprès de personnes qu'ils apprécient et auxquelles ils font confiance. Établir une relation amicale et authentique avec les prospects peut avoir un impact significatif sur leur décision d'achat.

- **Approches :**
    - Montrer de l'empathie et un intérêt sincère pour les besoins du client.

- Être amical, ouvert et communicatif.
- Utiliser des anecdotes personnelles ou des histoires pour créer une connexion.

6. Engagement et cohérence

Le phénomène d'engagement et de cohérence stipule que si une personne prend un engagement, même mineur, elle sera plus susceptible de rester cohérente avec cet engagement par la suite. Encourager les petits engagements peut conduire à des décisions d'achat plus importantes ultérieurement.

- **Approches :**
  - Demander des actions mineures, comme remplir un formulaire ou essayer un échantillon.
  - Encourager des engagements verbaux ou des petites commandes initiales.
  - Faire valider les accords intermédiaires pour renforcer l'engagement.

7. Ancrage des prix

L'ancrage des prix consiste à présenter des options de prix de manière stratégique pour influencer la perception de valeur. En présentant d'abord le produit le plus cher, les autres options peuvent sembler plus abordables en comparaison.

- **Approches :**
  - Présenter le produit premium en premier pour établir un point de référence élevé.
  - Utiliser des packages ou des options d'upselling pour montrer la valeur comparative.
  - Mettre en avant les économies réalisées par rapport à une option de base plus coûteuse.

Conclusion

Maîtriser ces techniques d'influence permet aux vendeurs de guider positivement les acheteurs vers des décisions d'achat éclairées. En combinant différentes approches en fonction de la situation et du profil de l'acheteur, les vendeurs peuvent créer un environnement de confiance et de réciprocité, augmentant ainsi les chances de succès et favorisant la satisfaction des clients.

3.4 Construire une relation de confiance avec l'acheteur

La construction d'une relation de confiance avec l'acheteur est essentielle pour conclure des ventes réussies et durables. La confiance engendre la fidélité et encourage les clients à revenir. Voici des stratégies pour établir et maintenir cette confiance :

1. Écoute active

L'écoute active est une compétence fondamentale pour construire la confiance. En prêtant une attention particulière aux besoins et aux préoccupations de l'acheteur, le vendeur montre qu'il se soucie réellement de lui.

- **Approches :**
    - Maintenir un contact visuel et montrer des signes non verbaux d'attention.
    - Poser des questions ouvertes pour encourager l'acheteur à s'exprimer.
    - Reformuler et clarifier les propos de l'acheteur pour s'assurer de bien comprendre.

2. Transparence et honnêteté

La transparence dans les interactions aide à instaurer la confiance. Les acheteurs apprécient les vendeurs qui sont honnêtes à propos des caractéristiques, avantages et limites des produits ou services.

- **Approches :**
    - Fournir des informations complètes et honnêtes sur le produit.
    - Ne pas exagérer ou cacher les défauts potentiels.
    - Partager ouvertement les délais de livraison, les coûts supplémentaires et les conditions de retour.

3. Respect des engagements

Respecter les engagements pris avec l'acheteur est crucial pour maintenir la confiance. Que ce soit pour des délais de livraison, des suivis ou des promesses de service, tenir parole est essentiel.

- **Approches :**
    - Être fiable et respecter les délais annoncés.
    - Tenir les promesses faites lors de la présentation ou de la négociation.
    - Fournir des mises à jour régulières sur l'état des commandes ou des services.

4. Expertise et compétence

Démontrer une expertise et une compétence dans le domaine ajoute à la crédibilité du vendeur et rassure l'acheteur sur la pertinence de sa décision. Les acheteurs font confiance aux professionnels compétents.

- **Approches :**
    - Continuer à se former et à se renseigner sur les nouveautés du secteur.
    - Partager des connaissances pertinentes et des conseils avisés.
    - Montrer une maîtrise des produits et des services offerts.

5. Service après-vente et suivi

Un bon service après-vente est un facteur clé dans la construction de la confiance. En assurant un suivi adéquat et en résolvant promptement les problèmes, le vendeur montre son engagement envers la satisfaction du client.

- **Approches :**
    - Contacter le client après la vente pour vérifier sa satisfaction.
    - Être disponible pour répondre rapidement aux questions ou préoccupations.
    - Offrir des solutions efficaces en cas de problèmes ou de retours.

6. Réactivité et communication

La réactivité et une communication claire renforcent la confiance.

Les acheteurs valorisent les vendeurs qui répondent rapidement et clairement à leurs demandes, questions ou inquiétudes.

- **Approches :**
  - Répondre rapidement aux e-mails et aux appels téléphoniques.
  - Fournir des informations claires et précises.
  - Communiquer de manière proactive sur les mises à jour et les changements.

7. Personnalisation et empathie

Personnaliser l'interaction et montrer de l'empathie aide à établir une connexion émotionnelle avec l'acheteur. Comprendre et répondre aux besoins spécifiques du client renforce la relation.

- **Approches :**
  - Adapter les offres et les recommandations aux besoins spécifiques de chaque client.
  - Montrer de l'empathie et essayer de comprendre le point de vue du client.
  - Utiliser des prénoms et garder des notes sur les préférences du client pour des interactions futures.

Conclusion

Construire une relation de confiance avec l'acheteur est un processus continu qui nécessite un engagement sincère, de la transparence, et un excellent service. En appliquant ces stratégies, les vendeurs peuvent non seulement conclure des ventes, mais aussi créer des relations durables qui favorisent la fidélisation et les recommandations. La confiance est le pilier de toute transaction réussie, et elle repose sur des actions cohérentes et authentiques.

CHAPITRE 4 : EXEMPLES DE PROCESSUS DE VENTE EFFICACES

Une fois que vous avez saisi les aspects psychologiques qui influencent l'acheteur, il est utile d'illustrer ces concepts par des exemples concrets. En examinant des processus de vente réussis dans différents contextes, vous pourrez voir comment les principes discutés précédemment se traduisent en actions réelles. Ce chapitre vous montrera des études de cas détaillées qui mettent en pratique les techniques de vente et les stratégies psychologiques que vous avez apprises.

4.1 Étude de cas : Processus de vente B2B

Le processus de vente interentreprises (B2B) est souvent plus long et plus complexe que le processus de vente aux consommateurs individuels (B2C). Il implique généralement plusieurs décideurs, des cycles de vente plus étendus et des produits ou services de haute valeur. Étudions un cas concret pour mieux comprendre ce processus.

Contexte

XYZ Technologies est une entreprise spécialisée dans les solutions logicielles pour les entreprises de logistique. Elle cherche à vendre une suite logicielle de gestion des stocks à une grande entreprise de distribution, Alpha Distribution. Le cycle de vente de XYZ Technologies débute par une prospection ciblée et se termine par la signature d'un contrat.

Étape 1 : Prospection

XYZ Technologies utilise des outils d'intelligence commerciale pour identifier Alpha Distribution comme un prospect potentiel en raison de sa taille et de ses besoins logistiques complexes. L'équipe de vente mène une recherche approfondie pour comprendre les défis spécifiques qu'Alpha Distribution rencontre dans la gestion de ses stocks.

- **Actions :**
    - Identification des décideurs clés chez Alpha Distribution.
    - Recherche sur les besoins et les défis de l'entreprise cible.
    - Utilisation de LinkedIn Sales Navigator pour trouver des contacts pertinents.

Étape 2 : Prise de contact

L'équipe de ventes de XYZ Technologies entre en contact avec les responsables logistiques et IT d'Alpha Distribution par e-mail et par téléphone, en proposant une réunion pour discuter des défis logistiques actuels et de la manière dont leur solution peut apporter une valeur ajoutée.

- **Actions :**
  - Envoi d'un e-mail personnalisé mettant en avant les bénéfices de leur solution.
  - Appels de suivi pour organiser une première réunion.
  - Préparation d'un matériel de présentation pertinent.

Étape 3 : Qualification

Lors de la réunion initiale, XYZ Technologies pose des questions pour mieux comprendre les besoins spécifiques d'Alpha Distribution, leur budget et les critères décisionnels. Les informations recueillies permettent de qualifier le potentiel de ce prospect et d'adapter la proposition en conséquence.

- **Actions :**
  - Utilisation de la méthode CHAMP (Challenges, Authority, Money, Prioritization) pour qualifier le prospect.
  - Documentation des informations dans le CRM pour des suivis ultérieurs.
  - Identification des principaux décideurs impliqués dans le processus de décision.

Étape 4 : Présentation et démonstration

XYZ Technologies organise une démonstration personnalisée de sa suite logicielle pour l'équipe de gestion d'Alpha Distribution. Cette présentation inclut des études de cas de clients existants et des démonstrations en direct des fonctionnalités clés, mettant en évidence comment celles-ci peuvent résoudre les défis spécifiques d'Alpha Distribution.

- **Actions :**
  - Préparation d'une démonstration en ligne interactive.

- Personnalisation de la présentation pour répondre aux besoins spécifiques identifiés.
- Utilisation de témoignages clients et d'études de cas pertinents.

Étape 5 : Gestion des objections

Après la présentation, l'équipe de vente de XYZ Technologies adresse les objections soulevées par la direction d'Alpha Distribution, telles que les préoccupations concernant l'intégration avec les systèmes existants et le retour sur investissement.

- **Actions :**
    - Réponses détaillées et argumentées aux objections.
    - Fourniture de documents techniques et de références de clients satisfaits.
    - Organisation d'une session de questions-réponses pour clarifier tout doute.

Étape 6 : Négociation et conclusion de la vente

XYZ Technologies négocie les termes du contrat avec Alpha Distribution, y compris le prix, les modalités de paiement, et les conditions de support après-vente. L'accent est mis sur la démonstration de la valeur ajoutée et le retour sur investissement.

- **Actions :**
    - Rédaction et révision du contrat avec le retour des parties concernées.
    - Négociation des termes et des conditions pour parvenir à un accord mutuellement bénéfique.
    - Signature du contrat et finalisation des détails logistiques pour le déploiement.

Étape 7 : Suivi après-vente

Après la signature, XYZ Technologies met en place un plan de déploiement et de formation pour Alpha Distribution, assurant que l'intégration du logiciel se passe sans encombre. Des suivis réguliers sont établis pour vérifier la satisfaction du client et résoudre rapidement les problèmes éventuels.

- **Actions :**
    - Mise en place d'un calendrier de déploiement et de formation pour les utilisateurs.
    - Suivi régulier pour s'assurer que le logiciel est utilisé avec succès.
    - Obtention de retours d'expérience pour améliorer les services offerts.

Conclusion

Ce cas illustre les étapes détaillées et les efforts requis pour conclure une vente B2B. Le succès repose sur une prospection ciblée, une prise de contact personnalisée, une qualification rigoureuse, des présentations convaincantes, une gestion des objections efficace, des négociations habiles et un suivi après-vente solide. Le processus de vente B2B est exigeant, mais en suivant des étapes structurées et en utilisant des techniques appropriées, les vendeurs peuvent augmenter leurs chances de succès et construire des relations durables avec leurs clients.

4.2 Étude de cas : Processus de vente B2C

Le processus de vente aux consommateurs (B2C) diffère considérablement du B2B en termes de rapidité, de volume et d'approche. La vente B2C concerne généralement des décisions d'achat plus rapides et des transactions de moindre valeur. Examinons un exemple concret pour illustrer ce processus.

Contexte

FashionTrends est une boutique en ligne spécialisée dans la vente de vêtements et d'accessoires tendance. La boutique cherche à lancer une nouvelle collection capsule pour la saison estivale et cible les consommateurs entre 18 et 35 ans. Le processus de vente de FashionTrends s'étend de la conception de la collection à la gestion des retours post-achat.

Étape 1 : Identification du marché cible

FashionTrends commence par identifier son marché cible pour la nouvelle collection capsule. Cela inclut les jeunes adultes actifs sur les réseaux sociaux, sensibles aux tendances de la mode et aux influencements des leaders d'opinion.

- **Actions :**
    - Analyse des données démographiques et comportementales des clients existants.
    - Études de marché pour comprendre les tendances actuelles.
    - Identification des canaux de communication préférés du marché cible.

Étape 2 : Création et lancement de la collection

La collection est conçue en tenant compte des préférences du marché cible. FashionTrends utilise le marketing digital pour créer du buzz autour du lancement, en exploitant les réseaux sociaux, les influenceurs, et les campagnes d'e-mailing.

- **Actions :**

- Collaboration avec des designers pour créer une collection attrayante.
- Utilisation de teasers et de posts sur les réseaux sociaux pour générer de l'anticipation.
- Partenariats avec des influenceurs pour des campagnes de promotion.

Étape 3 : Présentation et mise en avant des produits

FashionTrends présente la nouvelle collection sur son site web avec des descriptions détaillées, des photos de haute qualité et des vidéos. Une section dédiée sur la page d'accueil et des bannières promotionnelles mettent en avant la collection.

- **Actions :**
    - Création de contenus multimédias attractifs (photos, vidéos).
    - Optimisation de la page produit pour une navigation facile et intuitive.
    - Affichage des avis clients et des témoignages pour renforcer l'attrait.

Étape 4 : Gestion des transactions

Le processus de vente en ligne est automatisé pour permettre des transactions rapides et sécurisées. Le site de FashionTrends offre plusieurs options de paiement et garantit une expérience utilisateur fluide.

- **Actions :**
    - Mise en place de diverses options de paiement (carte de crédit, PayPal, etc.).
    - Utilisation d'un système de paiement sécurisé pour rassurer les clients.
    - Optimisation de l'expérience d'achat mobile pour répondre aux jeunes consommateurs.

Étape 5 : Gestion des retours et du service client

FashionTrends prévoit une politique de retour flexible pour rassurer les acheteurs et améliorer leur expérience. Un service client réactif est mis en place pour traiter rapidement les retours et

les échanges.
- **Actions :**
  - Mise en place d'une politique de retour claire et simple.
  - Formation du personnel du service client pour traiter efficacement les demandes.
  - Utilisation de chats en direct et de bots pour répondre rapidement aux questions des clients.

Conclusion

Ce cas de FashionTrends illustre le processus de vente B2C qui met l'accent sur la rapidité, l'engagement émotionnel, et l'utilisation intensive des outils de marketing digital. En identifiant précisément le marché cible, en créant une expérience d'achat fluide et en offrant un excellent service après-vente, les entreprises B2C peuvent maximiser leurs ventes et fidéliser leurs clients. Le succès repose sur une compréhension fine du comportement des consommateurs et sur une adaptation constante aux évolutions du marché.

4.3 Analyse des meilleures pratiques dans différents secteurs

Les meilleures pratiques de vente peuvent varier considérablement d'un secteur à l'autre, en fonction des caractéristiques spécifiques des marchés, des produits et des clients. Toutefois, certaines pratiques ont prouvé leur efficacité à travers différents secteurs. Voici une analyse des meilleures pratiques dans quelques secteurs clés :

Secteur technologique : Personnalisation et expertise produit

Dans le secteur technologique, les produits sont souvent complexes et nécessitent une compréhension approfondie pour être vendus efficacement. La personnalisation et l'expertise produit sont donc essentielles.

- **Meilleures Pratiques :**
    - **Démonstration de produit personnalisée :** Adapter les démonstrations aux besoins spécifiques de chaque client, en mettant en avant les caractéristiques pertinentes et les avantages personnalisés.
    - **Formation continue :** Les vendeurs doivent être constamment formés sur les nouvelles fonctionnalités et les mises à jour des produits pour pouvoir répondre aux questions techniques et convaincre les prospects.
    - **Utilisation de contenus techniques :** Fournir des livres blancs, des études de cas et des démonstrations techniques pour rassurer les clients potentiels sur la capacité du produit à répondre à leurs besoins.

Secteur de la grande distribution : Expérience client et fidélisation

Dans la grande distribution, où la concurrence est féroce et les marges peuvent être faibles, offrir une excellente expérience client et instaurer une fidélisation sont cruciaux pour le succès.

- **Meilleures Pratiques :**
    - **Programmes de fidélité :** Mettre en place des programmes de fidélité attrayants qui récompensent les achats répétés et encouragent les clients à revenir.
    - **Service client exceptionnel :** Former le personnel à offrir un service client de haute qualité, à résoudre les problèmes rapidement et à répondre aux attentes des clients.
    - **Expérience d'achat immersive :** Utiliser des technologies comme la réalité augmentée ou les applications mobiles pour offrir des expériences d'achat uniques et engageantes.

Secteur pharmaceutique : Conformité et relations de confiance

Le secteur pharmaceutique est fortement réglementé, et la vente de produits médicaux nécessite de respecter des normes strictes et de construire des relations de confiance avec les professionnels de santé.

- **Meilleures Pratiques :**
    - **Respect des régulations :** Assurer une conformité stricte avec les régulations locales et internationales, en formant les équipes de vente sur les lois et règlements pertinents.
    - **Éducation continue :** Fournir des informations et des formations continues aux professionnels de santé sur les nouvelles recherches et les nouvelles thérapies.
    - **Établissement de relations de confiance :** Construire des relations à long terme avec les professionnels de la santé, en jouant un rôle consultatif et en fournissant un support continu.

Secteur de la finance : Transparence et approche consultative

Dans le secteur financier, les clients recherchent des conseils de confiance et de la transparence dans les produits et services proposés. Une approche consultative est souvent la plus efficace.

- **Meilleures Pratiques :**
    - **Transparence :** Être transparent sur les frais, les risques et les avantages des produits financiers pour instaurer la confiance.
    - **Approche consultative :** Agir en tant que conseiller en offrant des solutions sur mesure adaptées à la situation financière et aux objectifs des clients.
    - **Éducation financière :** Fournir des ressources éducatives pour aider les clients à comprendre les produits financiers complexes et à prendre des décisions éclairées.

Secteur de l'automobile : Essais et services personnalisés

La vente de voitures repose sur des expériences pratiques et des services personnalisés. Les clients veulent sentir et voir la valeur avant de faire un achat souvent conséquent.

- **Meilleures Pratiques :**
    - **Essais routiers :** Offrir des essais routiers pour permettre aux clients de faire l'expérience des véhicules avant de prendre une décision.
    - **Services personnalisés :** Adapter les offres de financement et d'assurance aux besoins spécifiques des clients.
    - **Suivi après-vente :** Offrir un suivi et un service après-vente exceptionnel pour assurer la satisfaction du client et encourager les recommandations.

Conclusion

Analyser et adopter les meilleures pratiques spécifiques à chaque secteur peut grandement améliorer l'efficacité des processus de vente. Les pratiques varient selon les produits, les services et les attentes des clients, mais elles partagent souvent des principes communs tels que la personnalisation, l'expertise, la transparence, et l'expérience client. En appliquant ces pratiques adaptées à leur secteur, les entreprises peuvent non seulement augmenter leurs ventes, mais aussi construire des relations durables avec leurs clients, garantissant ainsi un succès à long terme.

4.4 Témoignages et interviews de vendeurs à succès

Les expériences des vendeurs à succès offrent une source précieuse d'apprentissage et d'inspiration. Les témoignages et interviews permettent de comprendre les stratégies et les techniques qui ont permis à certains professionnels de se démarquer dans leur domaine. Voici quelques témoignages et extraits d'interviews de vendeurs à succès issus de divers secteurs.

Témoignage 1 : Claire Dubois, Responsable Commerciale chez TechInnovate

Contexte :

Claire Dubois a rejoint TechInnovate, une startup spécialisée dans les solutions IoT, il y a cinq ans. Sous sa direction, les ventes ont quadruplé, et elle a été reconnue plusieurs fois comme une des meilleures vendeuses de l'année dans son secteur.

Stratégies Employées :

- **Approche collaborative :** Claire insiste sur l'importance de travailler en étroite collaboration avec les équipes de développement produit. "Comprendre les produits à fond et travailler avec les équipes techniques m'a permis de présenter des solutions parfaitement adaptées aux besoins des clients."

- **Éducation du client :** Elle consacre beaucoup de temps à éduquer ses prospects. "En leur fournissant des informations détaillées et en les aidant à comprendre comment notre technologie peut résoudre leurs problèmes spécifiques, j'ai pu établir une relation de confiance dès le début."

- **Suivi rigoureux :** Claire utilise un CRM pour suivre toutes les interactions et s'assurer qu'aucun prospect ne passe entre les mailles du filet. "Le suivi personnalisé montre aux clients que nous nous soucions réellement de leur succès."

Témoignage 2 : Marc Leroy, Vendeur Senior chez AutoLux

Contexte :
Marc Leroy travaille chez AutoLux, une concession automobile de luxe, depuis plus de dix ans. Sa capacité à conclure des ventes de véhicules haut de gamme lui a valu une réputation de top performer.

Stratégies Employées :

- **Expériences immersives :** Marc est un ardent défenseur des essais routiers personnalisés. "Les clients doivent ressentir le luxe et la performance. J'organise des essais qui mettent en valeur les caractéristiques uniques de chaque véhicule."
- **Personnalisation :** Il s'efforce de personnaliser chaque transaction. "Connaître les préférences, les hobbies et même les petites anecdotes personnelles des clients m'aide à établir une connexion authentique et à leur offrir une expérience d'achat sur mesure."
- **Service après-vente :** Marc met un point d'honneur à fournir un service après-vente exceptionnel. "Un suivi régulier et la résolution rapide des problèmes m'ont permis de fidéliser une clientèle exigeante et de recevoir de nombreuses recommandations."

Interview : Sophie Martin, Account Executive chez FinServe

Contexte :
Sophie Martin occupe un poste d'Account Executive chez FinServe, une entreprise de services financiers. Sa maîtrise des ventes complexes et son approche consultative lui ont permis de conclure plusieurs grands contrats.

Entretien :

- **Q : Quelle est votre approche pour gérer les objections des clients ?**

Sophie : "J'écoute attentivement pour comprendre les véritables préoccupations derrière chaque objection. Ensuite, je réponds de manière transparente et factuelle. Si le client a besoin de plus d'informations, je me tourne vers les ressources internes ou les experts de l'entreprise pour fournir les réponses les plus précises et convaincantes."

- **Q : Quelles techniques utilisez-vous pour conclure des ventes ?**

Sophie : "Je mise sur une approche basée sur la valeur ajoutée. Plutôt que de pousser à la vente, je démontre comment nos solutions financières peuvent réellement bénéficier aux clients sur le long terme. La clé est de permettre aux clients de voir la valeur dès le début."

- **Q : Comment maintenez-vous la motivation dans la durée ?**

Sophie : "Je me fixe des objectifs personnels et professionnels. De plus, je trouve de la motivation dans les succès de mes clients. Savoir que j'ai contribué à leur croissance est extrêmement gratifiant."

Témoignage 3 : Matteo Ricci, Vente au détail chez FashionForward

Contexte :

Matteo Ricci travaille chez FashionForward, une enseigne de mode renommée. Sa capacité à surpasser les objectifs de vente saison après saison a fait de lui un pilier dans son équipe.

Stratégies Employées :

- **Engagement client** : Matteo attache une grande importance à l'expérience client. "Je m'assure que chaque client se sente spécial dès son entrée dans le magasin. Un accueil chaleureux et personnalisé crée une première impression positive."

- **Storytelling** : Utiliser des histoires autour des produits aide Matteo à captiver ses clients. "Raconter l'histoire derrière chaque collection ou chaque pièce crée une connexion émotionnelle et rend l'achat plus significatif."

- **Flexibilité et adaptation :** Matteo s'adapte constamment aux tendances changeantes et aux comportements des consommateurs. "Être attentif aux nouvelles tendances et ajuster mon approche en conséquence m'aide à rester pertinent et à répondre aux attentes des clients."

Conclusion

Les témoignages et interviews de vendeurs à succès montrent que diverses approches peuvent mener à des ventes fructueuses. Que ce soit par des stratégies de personnalisation, une expertise produit, une transparence et une honnêteté dans les interactions, ou un excellent service après-vente, les professionnels de la vente qui réussissent partagent un dénominateur commun : une profonde compréhension des besoins et des motivations de leurs clients. Leurs expériences offrent des leçons précieuses pour toute personne aspirant à exceller dans le domaine de la vente.

CHAPITRE 5 : TECHNIQUES AVANCÉES DE VENTE

Après avoir étudié des exemples concrets de vente, il est temps d'approfondir les techniques qui vous permettront d'exceller dans ce domaine. Ce chapitre se concentre sur des approches avancées, telles que la vente consultative et la vente relationnelle, qui vous aideront à transformer votre savoir-faire en véritable expertise. Vous apprendrez comment affiner vos compétences et utiliser des outils modernes pour maximiser votre performance commerciale.

5.1 La vente consultative

La vente consultative est une approche de vente avancée qui se concentre sur la compréhension profonde des besoins et des défis du client pour offrir des solutions adaptées et personnalisées. Plutôt que de simplement vendre un produit, le vendeur agit comme un conseiller de confiance, aidant le client à résoudre ses problèmes et à atteindre ses objectifs.

Les principes de la vente consultative

Les principes de base de la vente consultative incluent une écoute active, une analyse approfondie, et la construction d'une relation de confiance. Voici quelques-uns des principes clés :

1. Écoute active et questionnement approfondi

La vente consultative commence par une écoute active, où le vendeur pose des questions pertinentes pour comprendre les besoins du client. Ce processus inclut des questions ouvertes qui encouragent le client à partager des informations détaillées sur ses défis, ses objectifs et ses attentes.

- **Techniques :**
    - Utiliser des questions ouvertes pour explorer les besoins et les motivations du client.
    - Écouter attentivement et reformuler les réponses du client pour s'assurer de bien comprendre.
    - Prendre des notes détaillées pour référencer les informations partagées.

2. Diagnostic et analyse approfondie

Une fois les informations recueillies, le vendeur procède à une analyse approfondie pour diagnostiquer les problèmes du client et identifier les solutions potentielles. Cette étape nécessite une connaissance approfondie des produits ou services proposés, ainsi que des compétences en résolution de problèmes.

- **Techniques :**

- Analyser les données et les informations fournies par le client pour comprendre ses défis spécifiques.
- Utiliser des outils d'analyse et des matrices pour évaluer les options possibles.
- Collaborer avec des experts internes si nécessaire pour affiner le diagnostic.

3. Présentation de solutions sur mesure

Sur la base de l'analyse, le vendeur propose une solution personnalisée qui répond spécifiquement aux besoins du client. La présentation ne se concentre pas uniquement sur les fonctionnalités du produit, mais sur la manière dont il peut résoudre les problèmes du client et apporter de la valeur.

- **Techniques :**
    - Adapter les solutions aux besoins et aux attentes spécifiques du client.
    - Utiliser des études de cas et des exemples concrets pour illustrer les bénéfices.
    - Montrer clairement comment la solution proposée répond aux défis identifiés.

4. Établissement de la confiance et de la crédibilité

Pour que la vente consultative soit efficace, le vendeur doit établir une relation de confiance avec le client. Cela implique de démontrer une expertise, de tenir ses promesses et d'agir toujours dans l'intérêt du client.

- **Techniques :**
    - Fournir des preuves de crédibilité telles que des témoignages clients, des certifications ou des réalisations passées.
    - Faire preuve d'honnêteté et de transparence dans toutes les communications.
    - Suivre régulièrement avec le client pour montrer un engagement continu.

5. Suivi et support après-vente

La vente consultative ne s'arrête pas à la conclusion de la vente. Un suivi rigoureux et un support continu sont essentiels pour garantir la satisfaction du client et encourager sa fidélisation.

- **Techniques :**
  - Organiser des réunions de suivi pour évaluer la satisfaction et l'efficacité de la solution déployée.
  - Offrir un support technique proactif et un service client de qualité.
  - Solliciter des feedbacks pour améliorer continuellement les offres et le service.

Conclusion

La vente consultative est une approche centrée sur le client qui va au-delà de la simple transaction. En se positionnant en tant que conseiller de confiance, le vendeur peut établir des relations durables et créer de la valeur à long terme pour ses clients. Cette méthode repose sur une écoute active, une analyse approfondie, la personnalisation des solutions, et un suivi stratégique, permettant de répondre précisément aux besoins et aux défis des clients.

5.2 La vente relationnelle

La vente relationnelle est une approche avancée qui met l'accent sur l'établissement et la maintenance de relations à long terme avec les clients. Contrairement à une approche transactionnelle, la vente relationnelle vise à créer une fidélité durable en engageant les clients de manière significative et personnalisée.

Les principes de la vente relationnelle

Les principes de base de la vente relationnelle incluent la construction de la confiance, la collaboration, et l'engagement continu. Voici quelques-uns des principes clés :

1. Connexion personnelle

La vente relationnelle repose sur l'établissement d'une connexion personnelle avec le client. Cela inclut la compréhension des besoins personnels et professionnels du client, ainsi que la création d'un lien basé sur la confiance et le respect mutuel.

- **Techniques :**
    - Apprendre à connaître le client en posant des questions sur ses intérêts, ses objectifs et ses préoccupations.
    - Utiliser les prénoms et se souvenir de faits personnels pour montrer un intérêt sincère.
    - Maintenir un contact régulier pour renforcer la relation.

2. Communication ouverte et honnête

Dans la vente relationnelle, la transparence et l'honnêteté sont essentielles. Les clients doivent se sentir en confiance pour partager leurs véritables besoins et préoccupations, et savoir que le vendeur agira toujours dans leur intérêt.

- **Techniques :**
    - Fournir des informations claires et précises sur les produits et services, sans exagérations.
    - Être honnête sur les limites et les défis

potentiels, et proposer des solutions réalistes.
- Solliciter et accepter les feedbacks du client pour améliorer continuellement le service.

3. Personnalisation de l'expérience client

La personnalisation est une composante clé de la vente relationnelle. En offrant des solutions et des services adaptés aux besoins spécifiques du client, le vendeur peut démontrer une compréhension approfondie et créer une valeur significative.

- **Techniques :**
    - Adapter les recommandations et les offres en fonction des besoins et des préférences du client.
    - Utiliser des données clients pour offrir des expériences et des suggestions personnalisées.
    - Offrir des solutions sur mesure qui répondent aux défis uniques du client.

4. Engagement et suivi

L'engagement continu est crucial pour maintenir une relation solide avec le client. Cela implique un suivi après-vente efficace, la résolution proactive des problèmes, et l'offre de soutien continu.

- **Techniques :**
    - Organiser des suivis réguliers après la vente pour évaluer la satisfaction du client.
    - Proposer des mises à jour et des améliorations continues des produits et services.
    - Être réactif et disponible pour traiter rapidement les questions ou préoccupations du client.

5. Ajout de valeur à long terme

La vente relationnelle met l'accent sur l'ajout de valeur à long terme pour le client. En prenant des mesures qui vont au-delà de la simple vente, le vendeur peut renforcer la fidélité et encourager les recommandations.

- **Techniques :**

- Offrir des ressources éducatives, des conseils et des informations qui peuvent bénéficier au client à long terme.
- Proposer des opportunités de collaboration pour aider le client à atteindre ses objectifs stratégiques.
- Reconnaître et récompenser la fidélité du client par des programmes de fidélité ou des offres exclusives.

Conclusion

La vente relationnelle se distingue par son focus sur la création et la maintenance de relations de confiance à long terme avec les clients. En mettant l'accent sur la connexion personnelle, la communication ouverte, la personnalisation, et l'engagement continu, les vendeurs peuvent offrir une valeur durable et renforcer la fidélité des clients. Cette approche non seulement améliore les taux de satisfaction et de fidélisation, mais elle génère également des recommandations positives, contribuant ainsi à une croissance continue et à la réussite à long terme de l'entreprise.

5.3 L'utilisation des outils numériques et des CRM

Dans le monde moderne de la vente, l'utilisation des outils numériques et des systèmes de gestion de la relation client (CRM) est devenue incontournable. Ces outils permettent aux vendeurs de gérer efficacement leurs interactions avec les clients, d'automatiser les tâches répétitives et de recueillir des données précieuses pour améliorer leurs stratégies de vente.

Les avantages des outils numériques et des CRM

Les outils numériques et les CRM offrent de nombreux avantages qui peuvent transformer le processus de vente et améliorer les performances globales. Voici quelques-uns des principaux avantages :

1. Centralisation des données des clients

Les CRM permettent de centraliser toutes les informations relatives aux clients dans un seul système. Cela inclut les coordonnées, les interactions passées, les préférences, et les historiques d'achat.

- **Avantages :**
    - Accès rapide et facile aux informations des clients.
    - Meilleure collaboration entre les membres de l'équipe de vente.
    - Suivi précis des interactions et des transactions avec les clients.

2. Automatisation des tâches

Les outils numériques et les CRM offrent des fonctionnalités d'automatisation qui permettent de gérer plus efficacement les tâches répétitives, comme l'envoi d'e-mails, la mise à jour des données, et la gestion des suivis.

- **Avantages :**
    - Gain de temps pour les vendeurs, leur

- permettant de se concentrer sur des activités à plus forte valeur ajoutée.
- Réduction des erreurs manuelles et amélioration de la précision des données.
- Gestion proactive des leads et des opportunités de vente.

3. Analyse et reporting

Les CRM et les outils numériques fournissent des capacités d'analyse et de reporting avancées, permettant aux vendeurs de suivre leurs performances, d'identifier les tendances et de prendre des décisions basées sur les données.

- **Avantages :**
  - Visibilité sur les indicateurs clés de performance (KPI) et les métriques de vente.
  - Identification des opportunités d'amélioration et des domaines nécessitant plus d'attention.
  - Suivi des campagnes de vente et évaluation de leur efficacité.

4. Personnalisation de l'interaction client

Les outils numériques et les CRM permettent de personnaliser les communications et les interactions avec les clients en fonction de leurs comportements et de leurs préférences.

- **Avantages :**
  - Amélioration de l'expérience client grâce à des communications pertinentes et ciblées.
  - Augmentation des taux de conversion en répondant spécifiquement aux besoins des clients.
  - Renforcement de la relation client grâce à des interactions personnalisées et contextualisées.

5. Gestion des pipelines de vente

Les CRM permettent de visualiser et de gérer les pipelines de vente, offrant une vue d'ensemble sur l'état des opportunités et facilitant la planification et le suivi des étapes de vente.

- **Avantages :**
  - Meilleure gestion des opportunités grâce à une visibilité accrue sur le pipeline de vente.
  - Identification rapide des goulots d'étranglement et des opportunités à risque.
  - Prévision plus précise des ventes futures.

Meilleurs pratiques pour utiliser les outils numériques et les CRM

Pour tirer le meilleur parti des outils numériques et des CRM, les vendeurs doivent adopter certaines meilleures pratiques :

1. Formation et adoption

Assurez-vous que tous les membres de l'équipe de vente sont bien formés à l'utilisation des outils numériques et des CRM. L'adoption complète est essentielle pour maximiser les avantages de ces systèmes.

- **Pratiques :**
  - Organiser des sessions de formation régulières et des ateliers.
  - Fournir des ressources de support et des guides d'utilisation.
  - Encourager l'utilisation quotidienne des outils et intégrer leur utilisation dans les processus de vente.

2. Qualité des données

Maintenir la qualité et l'exactitude des données dans les CRM est crucial pour des analyses précises et des décisions éclairées.

- **Pratiques :**
  - Mettre en place des procédures de saisie et de mise à jour des données.
  - Effectuer des vérifications régulières et des nettoyages de données.
  - Utiliser des outils d'intégration pour synchroniser les données entre différents systèmes.

3. Personnalisation et segmentation

Utilisez les capacités de segmentation des CRM pour personnaliser les communications et les campagnes de marketing en fonction des comportements et des préférences des clients.

- **Pratiques :**
  - Segmentez les clients en fonction de critères pertinents tels que l'historique des achats, les interactions passées, et les préférences.
  - Créez des campagnes de marketing ciblées pour chaque segment.
  - Personnalisez les messages et les offres pour augmenter l'engagement et les taux de conversion.

4. Analyse et optimisation

Utilisez les outils d'analyse et de reporting pour évaluer les performances et optimiser les stratégies de vente.

- **Pratiques :**
  - Suivre régulièrement les KPI et les métriques de vente.
  - Analyser les résultats des campagnes de vente et ajuster les stratégies en conséquence.
  - Utiliser les insights pour identifier les opportunités d'amélioration et prendre des décisions basées sur les données.

Conclusion

L'utilisation des outils numériques et des CRM peut transformer le processus de vente en offrant des avantages significatifs en termes de centralisation des données, d'automatisation, d'analyse, de personnalisation et de gestion des pipelines. En adoptant les meilleures pratiques pour utiliser ces outils, les vendeurs peuvent améliorer leur efficacité, augmenter leurs taux de conversion, et offrir une expérience client supérieure. Dans un marché en constante évolution, les outils numériques et les CRM sont des alliés indispensables pour rester compétitif et atteindre le succès à long terme.

5.4 L'art de la négociation

La négociation est une composante essentielle du processus de vente. Maîtriser l'art de la négociation permet de conclure des accords mutuellement bénéfiques, d'augmenter la satisfaction des clients et de maintenir des relations solides à long terme. Dans ce sous-chapitre, nous explorerons les stratégies et techniques clés pour mener des négociations efficaces.

Préparation

Une négociation réussie commence par une préparation minutieuse. Connaître les besoins, les attentes et les limites de chaque partie est crucial pour identifier des solutions viables.

- **Techniques :**
    - **Recherche préalable :** Comprendre le contexte commercial, les objectifs et les contraintes du client avant d'entrer en négociation.
    - **Définir des objectifs clairs :** Savoir ce que vous souhaitez obtenir et quelles concessions vous êtes prêt à faire.
    - **Préparer des alternatives :** Identifier des propositions de repli (BATNA - Best Alternative to a Negotiated Agreement) au cas où un accord ne pourrait être atteint.

Écoute active et communication claire

L'écoute active et la communication claire sont essentielles pendant la négociation. Comprendre les préoccupations du client et communiquer vos propres propositions de manière transparente renforce la confiance et facilite la recherche de points d'accord.

- **Techniques :**
    - **Écoute active :** Prêter attention aux besoins et inquiétudes du client, poser des questions pour clarifier ses attentes.
    - **Reformulation :** Répéter ce que vous avez

- compris pour vous assurer que les deux parties sont sur la même longueur d'onde.
- **Clarté et précision** : Être clair et précis dans la présentation de vos propositions et des conditions.

Création de valeur

La négociation ne consiste pas seulement à diviser un "gâteau" existant, mais aussi à chercher des moyens de créer de la valeur pour les deux parties. Identifier des solutions qui bénéficient à la fois à vous et au client peut rendre l'accord plus acceptable.

- **Techniques :**
  - **Identifier les intérêts communs** : Chercher des domaines où les intérêts des deux parties convergent.
  - **Proposer des solutions win-win** : Offrir des options qui ajoutent de la valeur pour les deux parties, comme des collaborations futures, des réductions pour volume d'achat, etc.
  - **Utiliser la créativité** : Être ouvert à des solutions innovantes et flexibles qui peuvent satisfaire les deux parties.

Gestion des objections

Les objections font partie intégrante de toute négociation. Savoir les gérer efficacement permet de surmonter les obstacles et de progresser vers un accord.

- **Techniques :**
  - **Anticiper les objections** : Prévoir les objections potentielles et préparer des réponses convaincantes à l'avance.
  - **Répondre calmement** : Ne pas réagir de manière défensive; écouter attentivement et répondre calmement avec des arguments rationnels.
  - **Recherche de solutions** : Travailler en collaboration pour trouver des solutions aux objections plutôt que de se concentrer

uniquement sur les problèmes.

Stratégies de négociation

Plusieurs stratégies existent pour mener une négociation efficace. Choisir la bonne stratégie dépend du contexte, des parties impliquées, et des objectifs à atteindre.

- **Techniques :**
  - **Négociation distributive (gagnant-perdant) :** Utilisée lorsque les intérêts des parties sont opposés et qu'il n'y a pas de place pour la création de valeur. Chaque partie cherche à obtenir le maximum.
  - **Négociation intégrative (gagnant-gagnant) :** Vise à créer de la valeur pour les deux parties en explorant les intérêts communs et en recherchant des compromis avantageux.
  - **Négociation collaborative :** Axée sur la coopération et la recherche de solutions qui bénéficient aux deux parties à long terme.

Conclusion de la négociation

La conclusion de la négociation est la phase où les parties formalisent leur accord. Cette étape nécessite une clairvoyance et une précision pour s'assurer que tous les aspects de l'accord sont bien compris et acceptés.

- **Techniques :**
  - **Résumer l'accord :** Faire une récapitulation détaillée des points convenus pour éviter toute ambiguïté.
  - **Formulation de l'accord :** Rédiger les termes de l'accord de manière claire et précise, en incluant toutes les conditions discutées.
  - **Signature et formalisation :** Finaliser l'accord avec les signatures nécessaires et s'assurer que chaque partie a une copie de l'accord.

Conclusion

Maîtriser l'art de la négociation est essentiel pour tout

professionnel de la vente. Une négociation réussie repose sur une préparation minutieuse, une écoute active, la création de valeur, la gestion des objections, et l'utilisation de stratégies adaptées. En développant ces compétences, les vendeurs peuvent conclure des accords avantageux, satisfaire leurs clients et construire des relations durables, tout en renforçant leur propre position dans le marché concurrentiel.

CHAPITRE 6 : DÉVELOPPEMENT PERSONNEL ET PROFESSIONNEL DU VENDEUR

Avec une solide compréhension des techniques avancées, il est essentiel de se tourner vers votre propre développement en tant que professionnel de la vente. Ce dernier chapitre se penche sur l'importance de la formation continue et du développement personnel pour rester compétitif dans un environnement en constante évolution. En vous concentrant sur l'amélioration de vos compétences et l'adaptation aux nouvelles tendances, vous serez en mesure de maintenir votre succès à long terme.

6.1 Formation continue et développement des compétences

Dans le domaine de la vente, l'apprentissage et le développement des compétences sont essentiels pour rester compétitif et performant. La formation continue permet aux vendeurs de s'adapter aux évolutions du marché, d'améliorer leurs compétences et de maximiser leur efficacité. Voici les principaux aspects de la formation continue et du développement des compétences en vente.

Importance de la formation continue

La formation continue offre plusieurs avantages qui contribuent à la réussite professionnelle et personnelle des vendeurs :

Adaptation aux changements : Les marchés, les technologies et les attentes des clients évoluent constamment. La formation continue permet aux vendeurs de se tenir à jour et de s'adapter rapidement à ces changements.

Amélioration des performances : Le développement régulier des compétences et l'acquisition de nouvelles connaissances permettent d'améliorer continuellement les performances de vente. Cela inclut des techniques de vente avancées, des stratégies de négociation, et des compétences en communication.

Motivation et engagement : Participer à des programmes de formation peut être motivant et stimulant. Les vendeurs se sentent valorisés et soutenus dans leur développement professionnel, ce qui renforce leur engagement envers leur entreprise.

Types de formation continue

Il existe plusieurs types de formation continue, chacun ayant ses propres avantages et méthodes d'apprentissage :

Cours en ligne et webinaires : Les cours en ligne et les webinaires offrent une grande flexibilité et permettent aux vendeurs de se former à leur propre rythme. Ils couvrent une vaste gamme de sujets, des techniques de vente aux outils numériques.

Ateliers et séminaires : Les ateliers et séminaires en personne offrent des opportunités d'apprentissage interactif et de mise en pratique des compétences. Ils permettent également de bénéficier d'un mentorat direct et d'échanger avec des pairs.

Mentorat et coaching : Le mentorat et le coaching offrent un soutien personnalisé et des conseils pratiques. Un mentor expérimenté ou un coach professionnel peut aider à identifier les domaines à améliorer et à développer des stratégies spécifiques pour atteindre les objectifs de vente.

Formations internes : De nombreuses entreprises proposent des programmes de formation internes pour leurs équipes de vente. Ces programmes sont souvent sur mesure et alignés sur les objectifs stratégiques de l'entreprise.

Développement des compétences clés

Pour rester compétitifs, les vendeurs doivent continuellement développer plusieurs compétences clés :

Compétences en communication : Une communication claire et efficace est essentielle pour établir des relations solides avec les clients et pour convaincre. Le développement de compétences en écoute active, en présentation et en persuasion est crucial.

Connaissance des produits : Comprendre en profondeur les produits ou services proposés est indispensable pour répondre aux questions des clients et pour démontrer la valeur ajoutée. La formation continue sur les nouvelles caractéristiques et les mises à jour est nécessaire.

Compétences en négociation : La négociation est un aspect central de nombreuses ventes. Les vendeurs doivent développer des compétences en négociation pour conclure des accords avantageux et pour gérer efficacement les objections.

Utilisation des outils numériques et CRM : Les outils numériques et les CRM sont des alliés puissants pour améliorer l'efficacité des ventes. Les vendeurs doivent se former régulièrement à l'utilisation de ces outils pour maximiser leur potentiel.

Analyse des données : Comprendre et analyser les données de vente permet de prendre des décisions éclairées et d'ajuster les stratégies. La formation en analyse des données aide à interpréter les métriques clés et à identifier les opportunités d'amélioration.

Stratégies pour maintenir la formation continue

Pour garantir un développement professionnel continu, les vendeurs peuvent adopter plusieurs stratégies :

Plan de développement personnel : Établir un plan de développement personnel qui inclut des objectifs clairs et des étapes à suivre pour atteindre ces objectifs. Ce plan doit être régulièrement revu et ajusté en fonction des progrès réalisés.

Participation active : Participer activement aux formations, ateliers, et sessions de coaching. Prendre des notes, poser des questions, et partager des expériences personnelles pour maximiser l'apprentissage.

Feedback et auto-évaluation : Solliciter régulièrement des feedbacks de la part des supérieurs, des collègues, et des clients. Utiliser ces feedbacks pour s'auto-évaluer et identifier les domaines à améliorer.

Réseautage : Construire et maintenir un réseau professionnel permet d'échanger des idées, de partager des bonnes pratiques, et de trouver des opportunités de formation supplémentaires.

Conclusion

La formation continue et le développement des compétences sont indispensables pour rester performants dans le domaine de la vente. En investissant du temps et des efforts dans l'apprentissage régulier, les vendeurs peuvent s'adapter aux évolutions du marché, améliorer leurs performances et renforcer leur engagement professionnel. Les diverses méthodes de formation, qu'il s'agisse de cours en ligne, d'ateliers, de mentorat ou de formations internes, offrent des opportunités précieuses pour avancer dans la carrière et atteindre les objectifs de vente.

6.2 Gestion du stress et de la motivation

La gestion du stress et le maintien de la motivation sont des éléments essentiels pour réussir dans le domaine de la vente. Le stress peut affecter la performance et la santé mentale des vendeurs, tandis que la motivation est un moteur clé pour atteindre les objectifs et exceller dans la carrière. Voici quelques stratégies et techniques pour gérer le stress et maintenir la motivation.

Comprendre les sources de stress

Il est crucial de reconnaître et de comprendre les sources de stress pour pouvoir les gérer efficacement.

Sources courantes de stress en vente :

- **Objectifs de vente élevés** : Les quotas ambitieux et la pression pour atteindre les objectifs peuvent être stressants.
- **Rejet et objections** : Faire face à des refus et des objections répétées peut entraîner de la frustration et du stress.
- **Gestion du temps** : L'équilibre entre de multiples tâches, rendez-vous et suivis peut être difficile.
- **Changements du marché** : L'incertitude et les fluctuations du marché peuvent ajouter une pression supplémentaire.

Techniques de gestion du stress

1. Organisation et planification : Une bonne organisation et une planification efficace peuvent aider à réduire le stress en structurant les tâches et en facilitant la gestion du temps.

Techniques :

- **Liste de tâches** : Utiliser une liste de tâches pour

prioriser et suivre les activités quotidiennes.
- **Calendriers et rappels :** Planifier les rendez-vous, les suivis et les échéances pour éviter les oublis et les retards.
- **Décomposition des tâches :** Diviser les grandes tâches en étapes plus petites et gérables.

2. Pratiques de bien-être : Adopter des pratiques de bien-être peut aider à réduire le stress et à améliorer la santé mentale.

Techniques :
- **Exercice physique :** Faire de l'exercice régulièrement pour évacuer le stress et améliorer l'humeur.
- **Méditation et pleine conscience :** Pratiquer la méditation ou la pleine conscience pour calmer l'esprit et réduire le stress.
- **Pause et relaxation :** Prendre des pauses régulières pendant la journée pour se détendre et recharger les batteries.

3. Support social : Le soutien des collègues, des amis et de la famille peut jouer un rôle crucial dans la gestion du stress.

Techniques :
- **Discussion avec les collègues :** Partager les défis et les réussites avec les collègues pour obtenir des conseils et du soutien.
- **Recherche de mentorat :** Trouver un mentor qui peut offrir des conseils et un soutien émotionnel.
- **Maintien des relations personnelles :** Consacrer du temps aux relations personnelles pour un équilibre entre vie professionnelle et vie privée.

Stratégies de motivation

1. Définitions d'objectifs clairs : Des objectifs clairs et atteignables fournissent une direction et un sentiment d'accomplissement.

Stratégies :

- **Objectifs SMART** : Définir des objectifs spécifiques, mesururables, atteignables, réalistes et temporellement définis.
- **Division en étapes** : Diviser les objectifs à long terme en étapes intermédiaires pour suivre les progrès.

2. Reconnaissance et récompenses : La reconnaissance et les récompenses peuvent renforcer la motivation en valorisant les réalisations.

Stratégies :

- **Auto-récompenses** : Offrir des petites récompenses pour atteindre des objectifs intermédiaires.
- **Reconnaissance des supérieurs** : Solliciter et apprécier la reconnaissance et les encouragements des supérieurs.
- **Programmes de récompenses** : Participer aux programmes de reconnaissance et de récompenses de l'entreprise.

3. Formation continue et développement : Le développement constant des compétences peut offrir un sentiment de progression et de motivation.

Stratégies :

- **Participation à des formations** : Suivre des formations et des cours pour acquérir de nouvelles compétences.
- **Fixation de nouveaux défis** : Chercher des opportunités pour apprendre et relever de nouveaux défis.
- **Exploration des nouvelles techniques** : Expérimenter de nouvelles techniques de vente et méthodes de travail pour maintenir l'intérêt.

4. Vision et purpose : Avoir une vision claire et un sentiment de purpose peut motiver à travailler avec passion.

Stratégies :

- **Alignement personnel** : Aligner ses objectifs personnels avec la mission et les valeurs de l'entreprise.
- **Impact positif** : Concentrez-vous sur l'impact positif du travail sur les clients et l'entreprise.
- **Réflexion sur le purpose** : Prendre du temps pour réfléchir sur pourquoi le travail est important et ce que l'on espère accomplir.

Conclusion

La gestion du stress et le maintien de la motivation sont essentiels pour réussir dans la vente. En comprenant les sources de stress et en adoptant des techniques pour les gérer, les vendeurs peuvent améliorer leur bien-être et leur performance. La motivation peut être renforcée par des objectifs clairs, des reconnaissances, une formation continue et une vision alignée avec ses valeurs. En appliquant ces stratégies, les vendeurs peuvent non seulement atteindre leurs objectifs de vente, mais aussi construire une carrière enrichissante et durable.

6.3 Éthique et déontologie dans la vente

L'éthique et la déontologie jouent un rôle fondamental dans le domaine de la vente. Adopter des pratiques éthiques et déontologiques permet non seulement de préserver la réputation des vendeurs et des entreprises, mais aussi de bâtir des relations solides et durables avec les clients. Voici les principaux aspects de l'éthique et de la déontologie dans la vente.

Les principes de l'éthique dans la vente

L'éthique dans la vente repose sur plusieurs principes clés qui guident le comportement des vendeurs et assurent une conduite responsable et honnête :

Intégrité : Faire preuve d'intégrité consiste à être honnête et transparent dans toutes les interactions avec les clients. Cela inclut fournir des informations vraies et complètes sur les produits ou services et éviter toute forme de tromperie.

Respect : Respecter les clients signifie reconnaître leur valeur et leur importance. Cela implique d'écouter attentivement leurs besoins, de leur parler avec courtoisie et de respecter leurs décisions, même lorsqu'ils choisissent de ne pas acheter.

Équité : L'équité consiste à traiter tous les clients de manière juste et sans discrimination. Les pratiques de vente doivent être applicables de manière égale à tous, indépendamment de leur origine, sexe, âge ou statut socio-économique.

Responsabilité : Les vendeurs ont une responsabilité envers leurs clients, leur entreprise et la société en général. Ils doivent assumer la responsabilité de leurs actions, des promesses faites et des conséquences de leurs pratiques de vente.

La déontologie professionnelle

La déontologie professionnelle concerne les règles et les standards spécifiques à la profession de la vente, souvent établis par des associations professionnelles ou des entreprises. Voici quelques aspects essentiels de la déontologie :

Conformité aux lois et régulations : Les vendeurs doivent se conformer aux lois et régulations applicables dans leur domaine et leur région. Cela inclut le respect des règles concernant la publicité, la protection des données des clients, et les pratiques de vente équitables.

Confidentialité des informations client : Maintenir la confidentialité des informations client est crucial. Les vendeurs doivent assurer que les données personnelles et professionnelles des clients sont protégées et utilisées uniquement à des fins légitimes.

Réclamations et litiges : Les vendeurs doivent traiter les réclamations et les litiges de manière rapide et équitable. Ils doivent chercher des solutions qui satisfont les clients tout en maintenant les standards de l'entreprise.

Éthique de la communication

Transparence : La transparence dans la communication implique de fournir toutes les informations nécessaires au client pour prendre une décision éclairée. Cela inclut être honnête sur les avantages et les limites des produits ou services.

Promesses réalistes : Faire des promesses réalistes et atteignables évite les déceptions et construit la confiance. Les vendeurs doivent éviter les exagérations et les promesses qu'ils ne peuvent pas tenir.

Respect des engagements : Tenir ses engagements est une base de l'éthique en vente. Les vendeurs doivent s'assurer que toutes les promesses faites au client sont honorées, que ce soit en termes de coûts, de délais de livraison ou de services après-vente.

Pratiques éthiques de vente

Consultation honnête : Les vendeurs doivent agir comme un conseiller honnête pour le client, en recommandant des produits ou services qui répondent le mieux aux besoins du client plutôt que ceux qui augmentent leurs propres commissions ou bénéfices.

Gestion des conflits d'intérêts : Les vendeurs doivent être conscients des conflits d'intérêts potentiels et les gérer de manière transparente. Cela implique de divulguer tout intérêt personnel susceptible d'influencer leurs recommandations.

Fidélisation éthique des clients : La fidélisation des clients doit être basée sur la qualité du service et des produits plutôt que sur des pratiques manipulatrices. Les programmes de fidélisation doivent offrir une réelle valeur ajoutée aux clients.

Conclusion

L'éthique et la déontologie dans la vente sont essentielles pour construire des relations de confiance avec les clients et maintenir une réputation professionnelle solide. En respectant les principes d'intégrité, de respect, d'équité et de responsabilité, et en suivant les standards de déontologie professionnelle, les vendeurs peuvent non seulement améliorer leur performance, mais aussi contribuer positivement à la société et à leur propre épanouissement professionnel. Adopter des pratiques de communication transparentes, tenir ses engagements et gérer les conflits d'intérêts de manière proactive sont des éléments clés pour garantir une conduite éthique et déontologique dans toutes les transactions de vente.

6.4 Réseautage et relations professionnelles

Le réseautage et le développement des relations professionnelles sont des éléments clés de la réussite dans le domaine de la vente. Un réseau solide de contacts peut ouvrir de nouvelles opportunités, offrir du soutien et des conseils, et aider à surmonter les défis professionnels. Voici les principaux aspects du réseautage et des relations professionnelles.

Importance du réseautage

Le réseautage offre plusieurs avantages significatifs :

Opportunités commerciales : Le développement de contacts professionnels peut conduire à de nouvelles opportunités de vente et à des collaborations potentielles. Un réseau bien entretenu peut également fournir des recommandations de qualité.

Accès à l'information : En étant connecté à d'autres professionnels, vous pouvez accéder à des informations précieuses sur les tendances du marché, les meilleures pratiques et les innovations du secteur.

Soutien et mentorat : Un réseau de contacts professionnels peut offrir du soutien, des conseils et du mentorat. Les collègues expérimentés et les mentors peuvent aider à surmonter les défis et à progresser dans votre carrière.

Développement de compétences : Le réseautage permet d'apprendre de nouvelles compétences et méthodes en échangeant avec des pairs. Les discussions professionnelles et les collaborations peuvent enrichir votre expertise.

Techniques de réseautage efficace

1. Participation à des événements professionnels : Les conférences, les salons professionnels, les ateliers et les événements de l'industrie sont des occasions idéales pour rencontrer d'autres professionnels et élargir votre réseau.

Techniques :

- **Préparation** : Préparez-vous en connaissant les participants clés et en ayant des objectifs clairs pour l'événement.
- **Interaction** : Engagez des conversations avec des inconnus, échangez des cartes de visite et suivez les présentations avec intérêt.
- **Suivi** : Après l'événement, assurez-vous de suivre les contacts établis par un e-mail ou un appel téléphonique pour continuer la conversation.

2. Utilisation des réseaux sociaux professionnels : Les plateformes comme LinkedIn sont des ressources puissantes pour le réseautage professionnel. Elles permettent de se connecter avec des collègues de l'industrie, de partager des connaissances et d'interagir avec des leaders d'opinion.

Techniques :

- **Profil professionnel** : Assurez-vous que votre profil LinkedIn est complet, à jour et reflète vos compétences et expériences.
- **Connexion** : Envoyez des invitations personnelles pour vous connecter avec des professionnels pertinents.
- **Engagement** : Participez à des groupes de discussion, commentez sur des publications et partagez du contenu de valeur.

3. Participation à des associations et organisations professionnelles : Rejoindre des associations professionnelles peut offrir des opportunités de réseautage régulières et structurées.

Techniques :

- **Adhésion** : Devenez membre d'associations pertinentes à votre secteur d'activité.
- **Participation active** : Participez activement aux

réunions, aux conférences et aux activités de l'association.

- **Contribution** : Offrez votre aide pour organiser des événements ou des ateliers, ou proposez des présentations sur votre domaine d'expertise.

4. **Mentorat et parrainage** : Trouver un mentor ou devenir mentor peut renforcer vos relations professionnelles et fournir des opportunités de croissance mutuelle.

Techniques :

- **Recherche de mentor** : Identifiez des professionnels expérimentés et respectés dans votre domaine et sollicitez leur mentorat.
- **Devenir mentor** : Offrez votre expertise et soutien à des professionnels débutants ou à vos collègues juniors.
- **Échange de connaissances** : Organisez des sessions de mentorat régulier pour partager des connaissances, des expériences et des conseils.

Maintien des relations professionnelles

Il ne suffit pas seulement de construire un réseau ; il est crucial de le maintenir et de le faire fructifier :

1. **Communication régulière** : Maintenir un contact régulier avec vos contacts professionnels est essentiel pour renforcer les relations.

Techniques :

- **E-mails et appels :** Envoyez des e-mails d'information ou passez des appels téléphoniques de temps en temps pour rester en contact.
- **Réunions de suivi** : Organisez des rencontres informelles ou des déjeuners pour discuter des développements récents et échanger des idées.
- **Cartes de vœux** : Envoyez des cartes de vœux pour des

occasions comme les anniversaires ou les fêtes de fin d'année.

2. Offrir de la valeur : Pour que vos relations professionnelles soient réciproques, cherchez des moyens d'offrir de la valeur à vos contacts.

Techniques :

- **Partage d'opportunités :** Informez vos contacts des opportunités qui pourraient les intéresser, comme des postes ouverts ou des événements pertinents.
- **Recommandations :** Recommandez vos contacts pour des opportunités ou des projets où leur expertise pourrait être utile.
- **Soutien et aide :** Soyez disponible pour offrir votre soutien ou votre aide lorsqu'un de vos contacts rencontre un défi ou nécessite des conseils.

Mesures pour prévenir les erreurs de réseautage

Pour un réseautage efficace et respectueux, évitez certaines erreurs courantes :

Techniques :

- **Gestion des attentes :** Ne sollicitez pas uniquement vos contacts pour des faveurs ; montrez un intérêt sincère pour leur succès et leurs besoins.
- **Authenticité :** Soyez authentique dans vos interactions ; évitez l'opportunisme.
- **Éthique :** Respectez la confidentialité et l'éthique dans toutes vos relations professionnelles.

Conclusion

Le réseautage et le développement de relations professionnelles sont essentiels pour réussir dans la vente. En participant activement à des événements professionnels, en utilisant les réseaux sociaux, en rejoignant des associations, et en recherchant le mentorat, les vendeurs peuvent construire un réseau solide et enrichissant. Maintenir ces relations avec une communication régulière et offrir de la valeur renforce les liens professionnels et ouvre la voie à des opportunités nouvelles et à une croissance continue. En prenant soin d'éviter les erreurs courantes et en agissant de manière éthique et authentique, les vendeurs peuvent maximiser les avantages du réseautage et progresser dans leur carrière.

CHAPITRE 7 : TENDANCES ET INNOVATIONS DANS LA VENTE

Après avoir exploré en profondeur les aspects du développement personnel et professionnel nécessaires pour exceller en vente, il est temps de tourner notre attention vers l'avenir. Dans un monde en constante évolution, où les technologies et les attentes des clients changent rapidement, rester informé des dernières tendances et innovations est crucial. Ce chapitre vous plongera dans les nouvelles dynamiques du marché et les innovations technologiques qui redéfinissent la vente, vous préparant ainsi à naviguer avec succès dans cet environnement en mutation.

7.1 L'impact des nouvelles technologies sur la vente

L'impact des nouvelles technologies sur la vente

Les nouvelles technologies ont transformé le paysage de la vente de manière fondamentale, apportant des changements significatifs dans la manière dont les vendeurs interagissent avec les clients, gèrent les processus de vente et optimisent leurs performances. Voici comment ces technologies influencent et modifient les pratiques de vente.

Automatisation des processus de vente

L'automatisation permet aux équipes de vente de se concentrer sur des tâches à plus forte valeur ajoutée en automatisant les activités répétitives et chronophages.

Applications :

- **CRM et automatisation marketing** : Les systèmes de gestion de la relation client (CRM) comme Salesforce, HubSpot et Zoho CRM intègrent des fonctionnalités d'automatisation marketing pour gérer les campagnes d'emailing, le scoring des leads et le suivi des prospects.
- **Suivi automatisé** : Les plateformes de vente peuvent envoyer automatiquement des rappels de suivi, des remerciements et des offres personnalisées, améliorant ainsi l'efficacité et la réactivité des vendeurs.
- **Rapports et analyses automatiques** : Les outils d'automatisation génèrent des rapports et des analyses en temps réel, aidant les gestionnaires de vente à prendre des décisions éclairées rapidement.

Analyse des données et intelligence des ventes

L'analyse des données et l'intelligence des ventes offrent une visibilité approfondie sur les performances des ventes, les comportements des clients et les tendances du marché.

Applications :

- **Analyse des données clients** : Les outils d'analyse de données, comme Google Analytics et Tableau, permettent de recueillir et d'analyser les comportements des clients, offrant des insights précieux pour adapter les stratégies de vente.

- **Prédiction des ventes** : Les algorithmes d'analyse prédictive utilisent les données historiques pour prévoir les tendances futures et anticiper les besoins des clients.
- **Segmentation et personnalisation** : L'analyse des données permet de segmenter les clients en fonction de leurs comportements et préférences, facilitant ainsi la personnalisation des offres et des communications.

Digitalisation des interactions client

Les nouvelles technologies numériques permettent aux vendeurs de se connecter avec les clients à travers divers canaux digitaux, offrant des expériences d'achat plus fluides et engageantes.

Applications :

- **Visioconférence et webinaires** : Les plateformes de visioconférence comme Zoom, Microsoft Teams et WebEx permettent aux vendeurs de réaliser des présentations, des démonstrations produits et des réunions de suivi à distance.
- **Chatbots et messagerie instantanée** : Les chatbots et les outils de messagerie instantanée, tels que Intercom et Drift, facilitent les interactions en temps réel avec les clients, offrant une assistance immédiate et des réponses aux questions.
- **Réseaux sociaux** : Les réseaux sociaux comme LinkedIn, Twitter et Facebook sont devenus des plateformes essentielles pour le réseautage, la prospection et l'engagement client.

Personnalisation et expérience client

Les nouvelles technologies permettent de créer des expériences client plus personnalisées et de haute qualité, augmentant ainsi la satisfaction et la fidélité des clients.

Applications :

- **Recommandations personnalisées** : Les algorithmes de

recommandation, utilisés par des entreprises comme Amazon et Netflix, analysent les préférences des clients pour suggérer des produits ou services pertinents.

- **Marketing automation** : Les plateformes d'automatisation du marketing, comme Marketo et Pardot, envoient des messages personnalisés basés sur les comportements des clients et les points de contact.
- **Ventes omnicanal** : L'intégration de divers canaux de vente (en ligne, en magasin, mobile) permet de fournir une expérience cohérente et sans friction à chaque point de contact client.

Réalité augmentée (AR) et réalité virtuelle (VR)

La réalité augmentée et la réalité virtuelle ouvrent de nouvelles possibilités pour les démonstrations de produits et les expériences d'achat immersives.

Applications :

- **Démonstrations immersives** : Les vendeurs peuvent utiliser la réalité virtuelle pour offrir des démonstrations de produits immersives, permettant aux clients d'explorer les fonctionnalités et les avantages en 3D.
- **Essais virtuels** : Les applications de réalité augmentée permettent aux clients d'essayer virtuellement des produits, comme les vêtements, accessoires ou meubles, avant de les acheter.
- **Formation et support** : La réalité virtuelle peut également être utilisée pour former les vendeurs et fournir un support technique immersif et interactif.

Conclusion

L'impact des nouvelles technologies sur la vente est profond et transforme chaque aspect du processus de vente, de la prospection à la conclusion de l'affaire. Grâce à l'automatisation des processus, l'analyse des données, la digitalisation des interactions client, la personnalisation des expériences et l'utilisation de la réalité augmentée et virtuelle, les vendeurs peuvent améliorer leur efficacité, offrir des expériences client de haute qualité et rester compétitifs dans un environnement en constante évolution. En adoptant et en intégrant ces technologies, les équipes de vente peuvent non seulement répondre aux attentes actuelles des clients, mais aussi anticiper leurs besoins futurs et innover de manière continue.

7.2 La vente en ligne et le e-commerce

La vente en ligne et le e-commerce

La vente en ligne et le commerce électronique ont radicalement transformé la manière dont les produits et services sont achetés et vendus. Cette transformation numérique offre de nombreuses opportunités, mais elle présente également des défis uniques. Voici comment la vente en ligne et le e-commerce ont évolué et les meilleures pratiques pour réussir dans ce domaine.

Evolution de la vente en ligne

L'émergence du commerce électronique a commencé dans les années 1990 avec les premiers sites de vente en ligne. Depuis, la technologie et les comportements des consommateurs ont considérablement évolué, rendant la vente en ligne incontournable pour de nombreuses entreprises.

Phases clés de l'évolution :

- **Premiers jours :** Lancement des premiers sites de vente en ligne comme Amazon et eBay dans les années 1990.
- **Expansion :** Prolifération des boutiques en ligne et adoption accrue par les consommateurs au début des années 2000.
- **Mobilité :** Essor du m-commerce (commerce mobile) avec l'adoption massive des smartphones et des applications mobiles dans les années 2010.
- **Omnicanal :** Intégration de l'expérience d'achat en ligne et en magasin pour offrir une expérience client sans friction.

Avantages de la vente en ligne

La vente en ligne présente plusieurs avantages pour les entreprises et les consommateurs :

Accessibilité : Les boutiques en ligne sont accessibles 24/7, permettant aux clients d'acheter à tout moment et de partout.

Portée mondiale : Le commerce électronique permet aux entreprises de toucher un public mondial, élargissant ainsi leur marché au-delà des frontières géographiques.

Coûts réduits : Les entreprises peuvent réduire les coûts opérationnels en n'ayant pas besoin de maintenir des infrastructures physiques importantes.

Personnalisation : Les technologies numériques permettent de personnaliser l'expérience d'achat en fonction des préférences et comportements des clients.

Meilleures pratiques pour réussir dans le e-commerce

Pour réussir dans le e-commerce, il est essentiel de mettre en œuvre certaines meilleures pratiques :

1. Optimisation de l'expérience utilisateur (UX) : L'expérience utilisateur est fondamentale pour retenir les visiteurs et convertir les prospects en clients.

Techniques :

- **Design intuitif :** Créez un site web avec une navigation simple et un design attrayant.
- **Temps de chargement rapide :** Optimisez les performances de votre site pour garantir des temps de chargement rapides.
- **Compatibilité mobile :** Assurez-vous que votre site est responsive et offre une excellente expérience sur les appareils mobiles.

2. Stratégies de marketing digital : Le marketing digital est crucial pour attirer des visiteurs qualifiés et augmenter les ventes.

Techniques :

- **SEO et contenu :** Optimisez votre site pour les moteurs de recherche et créez du contenu pertinent qui attire et engage votre public cible.

- **Publicité en ligne** : Utilisez des publicités pay-per-click (PPC), des annonces sur les réseaux sociaux et des campagnes de remarketing pour atteindre vos prospects.
- **Marketing par e-mail** : Mettez en place des campagnes d'emailing personnalisées pour nourrir les leads et fidéliser les clients.

3. Gestion des stocks et logistique : Une gestion efficace des stocks et des opérations logistiques est essentielle pour assurer la satisfaction des clients.

Techniques :

- **Automatisation de l'inventaire** : Utilisez des systèmes automatisés pour suivre les stocks, prévenir les ruptures et optimiser les niveaux d'inventaire.
- **Partenariat avec des services de logistique** : Collaborez avec des prestataires logistiques fiables pour garantir des livraisons rapides et efficaces.
- **Politique de retour claire** : Établissez une politique de retour simple et transparente pour rassurer les clients et améliorer leur expérience.

4. Sécurité et confidentialité : Assurer la sécurité des transactions et la confidentialité des données clients est primordial dans le commerce électronique.

Techniques :

- **Certificats SSL** : Utilisez des certificats SSL pour chiffrer les données sensibles sur votre site.
- **Protection des données** : Adoptez des pratiques de gestion des données conformes aux régulations, telles que le RGPD.
- **Gestion des paiements sécurisés** : Offrez des options de paiement sécurisées et populaires auprès des clients.

5. Réactivité aux feedbacks clients : Écouter et répondre aux feedbacks des clients améliore l'expérience d'achat et renforce la fidélité.

Techniques :

- **Surveys et avis :** Encouragez les clients à laisser des avis et des feedbacks sur leurs expériences.
- **Support client réactif :** Offrez un support client accessible et réactif via divers canaux (email, chat en direct, téléphone).
- **Améliorations continues :** Utilisez les feedbacks pour identifier les domaines d'amélioration et apporter des ajustements pour optimiser l'expérience client.

L'avenir du e-commerce

Personnalisation avancée : L'utilisation de l'intelligence artificielle et de l'apprentissage automatique pour offrir des expériences d'achat hyperpersonnalisées basées sur les comportements et préférences des clients.

Intégration de la réalité augmentée (AR) : Les technologies AR permettent aux clients d'essayer virtuellement des produits, enrichissant ainsi l'expérience d'achat en ligne.

Commerce vocal : L'essor des assistants vocaux et des commandes vocales transforme la manière dont les consommateurs recherchent et achètent des produits en ligne.

Conclusion

La vente en ligne et le commerce électronique ont révolutionné le monde de la vente, offrant des opportunités sans précédent aux entreprises et aux consommateurs. En adoptant les meilleures pratiques en matière d'expérience utilisateur, de marketing digital, de gestion des stocks, de sécurité et de réactivité aux feedbacks, les entreprises peuvent réussir dans ce paysage numérique en constante évolution. En se préparant aux futures innovations telles que la personnalisation avancée, la réalité augmentée et le commerce vocal, les vendeurs peuvent continuer à offrir des expériences exceptionnelles et à maintenir leur avantage concurrentiel.

7.3 L'intelligence artificielle et l'automatisation des processus de vente

L'intelligence artificielle et l'automatisation des processus de vente

L'intelligence artificielle (IA) et l'automatisation transforment profondément les processus de vente en permettant une efficacité accrue, une personnalisation avancée et une meilleure utilisation des données. Voici comment ces technologies révolutionnent la vente et les meilleures pratiques pour les intégrer efficacement.

Applications de l'intelligence artificielle dans la vente

L'IA offre diverses applications pratiques qui améliorent les différentes étapes du processus de vente :

1. Automatisation des tâches répétitives : Les tâches répétitives et chronophages peuvent être automatisées grâce à l'IA, libérant ainsi du temps pour les activités à plus forte valeur ajoutée.

Applications :

- **Gestion des e-mails :** Les outils d'IA peuvent trier, répondre et classer les e-mails, facilitant ainsi le suivi et la gestion des communications.
- **Entrée de données :** Les solutions IA peuvent automatiser l'entrée et la mise à jour des données dans les systèmes CRM, réduisant les erreurs manuelles.

2. Analyse prédictive : L'IA utilise des algorithmes d'analyse prédictive pour prévoir les tendances de vente et les comportements des clients.

Applications :

- **Scoring des leads :** L'IA analyse les données historiques pour attribuer des scores aux prospects et identifier ceux qui ont le plus de chances de convertir.

- **Prévisions de ventes** : Les modèles de prévision basés sur l'IA offrent des prédictions précises sur les ventes futures, aidant ainsi à planifier et à allouer les ressources efficacement.

3. Personnalisation avancée : L'IA permet de personnaliser les interactions clients à grande échelle, améliorant ainsi l'expérience client et les taux de conversion.

Applications :

- **Recommandations de produits** : Les algorithmes de recommandation basés sur l'IA suggèrent des produits pertinents en fonction des comportements d'achat et des préférences des clients.
- **Campagnes marketing personnalisées** : L'IA segmente automatiquement les clients et personnalise les messages marketing en fonction de leurs intérêts et de leurs interactions précédentes.

4. Chatbots et assistants virtuels : Les chatbots et les assistants virtuels, alimentés par l'IA, offrent une assistance client en temps réel et améliorent l'efficacité des ventes.

Applications :

- **Support 24/7** : Les chatbots peuvent répondre aux questions courantes des clients à toute heure, offrant une assistance continue.
- **Qualificatif des leads** : Les chatbots peuvent engager les prospects, poser des questions qualificatives et orienter les leads les plus prometteurs vers les vendeurs humains.

Intégration de l'automatisation des processus de vente

L'automatisation des processus de vente, via l'IA et d'autres technologies, permet de rationaliser les opérations et de maximiser l'efficacité :

1. Gestion des pipelines de vente : L'automatisation aide à gérer et à visualiser les pipelines de vente, du lead initial à la clôture de la vente.

Applications :

- **Automatisation du suivi des leads :** Les outils automatisés envoient des rappels et des suivis personnalisés aux prospects, augmentant ainsi les taux de conversion.

- **Workflow automatique :** Les processus de vente peuvent être automatisés pour inclure des étapes de vérification, d'approbation et de suivi, réduisant ainsi les goulots d'étranglement.

2. Reporting et analyses : L'automatisation permet de générer des rapports et des analyses en temps réel, offrant une visibilité accrue sur les performances de vente.

Applications :

- **Tableaux de bord en temps réel :** Les tableaux de bord automatisés montrent les KPIs, les tendances de vente et les performances individuelles en temps réel.

- **Rapports automatisés :** Les rapports peuvent être programmés pour être générés et distribués automatiquement, facilitant ainsi une analyse régulière et proactive.

3. Gestion des relations clients (CRM) : L'intégration de l'IA avec les systèmes CRM optimise la gestion des relations clients et améliore la satisfaction des clients.

Applications :

- **Segmentation intelligente :** L'IA segmente les clients en fonction de divers critères, permettant une personnalisation et un engagement plus ciblés.

- **Historique de communication :** Les interactions clients sont automatiquement enregistrées et analysées, offrant une vue complète et holistique des relations clients.

4. Formation et onboarding : L'IA et l'automatisation peuvent également optimiser les processus de formation et d'intégration des nouveaux vendeurs.

Applications :

- **Modules de formation interactifs :** Les algorithmes d'IA peuvent créer des parcours de formation personnalisés adaptés aux besoins individuels des vendeurs.
- **Surveillance des performances :** L'IA peut surveiller les performances des nouveaux vendeurs et fournir des feedbacks en temps réel pour accélérer leur montée en compétence.

Meilleures pratiques pour l'adoption de l'IA et de l'automatisation

Pour réussir l'intégration de l'IA et de l'automatisation dans les processus de vente, suivez ces meilleures pratiques :

1. Choisir les bons outils : Sélectionnez des solutions d'IA et d'automatisation adaptées à vos besoins spécifiques et capables de s'intégrer facilement avec vos systèmes existants.

2. Former les équipes : Assurez une formation adéquate pour que les équipes de vente comprennent comment utiliser les nouveaux outils et technologies efficacement.

3. Surveiller et ajuster : Surveillez régulièrement les performances et l'impact des outils d'IA et d'automatisation. Ajustez les stratégies et les configurations en fonction des retours et des résultats obtenus.

4. Maintenir l'humanité : Même avec l'adoption croissante de l'IA, il est crucial de maintenir l'aspect humain dans les relations avec les clients. Utilisez l'IA pour améliorer l'efficacité, mais gardez les interactions humaines pour les aspects les plus nuancés et les plus sensibles de la vente.

Conclusion

L'intelligence artificielle et l'automatisation révolutionnent les processus de vente, en optimisant l'efficacité, en améliorant la personnalisation et en offrant des insights basés sur les données. En intégrant ces technologies de manière stratégique, les entreprises peuvent non seulement augmenter leur efficacité opérationnelle, mais également offrir des expériences client de qualité supérieure. En suivant les meilleures pratiques d'adoption et en maintenant un équilibre entre technologie et humanité, les équipes de vente peuvent naviguer avec succès dans le paysage de vente numérique moderne.

7.4 Prévisions pour l'avenir de la vente

Prévisions pour l'avenir de la vente

Alors que les technologies évoluent et que les comportements des consommateurs changent, l'avenir de la vente est marqué par des tendances et des innovations qui continueront à transformer le paysage commercial. Voici quelques prévisions clés pour l'avenir de la vente et les implications pour les professionnels du secteur.

Utilisation accrue de l'intelligence artificielle et de l'automatisation

L'intelligence artificielle (IA) et l'automatisation joueront un rôle de plus en plus central dans la vente. Ces technologies permettront une efficacité accrue et une personnalisation poussée.

Prédictions :

- **Chatbots avancés et assistants virtuels :** Les chatbots deviendront de plus en plus sophistiqués, capables de gérer des interactions complexes et de personnaliser les réponses en temps réel.
- **Analyse prédictive :** L'utilisation d'algorithmes d'analyse prédictive pour anticiper les comportements des clients et optimiser les stratégies de vente sera de plus en plus courante.
- **Automatisation des tâches :** Les processus de vente seront largement automatisés, de la gestion des leads à la génération de rapports, libérant ainsi du temps pour les tâches stratégiques et relationnelles.

Expansion de la vente omnicanal

L'approche omnicanal, qui consiste à offrir une expérience client fluide et intégrée à travers tous les canaux, continuera de se développer.

Prédictions :

- **Intégration des canaux :** Les entreprises intégreront encore plus leurs points de vente physiques, sites web, applications mobiles et réseaux sociaux pour offrir une expérience cohérente.
- **Expérience client enrichie :** Les technologies de réalité augmentée (AR) et de réalité virtuelle (VR) seront utilisées pour créer des expériences d'achat immersives et interactives.
- **Personnalisation omnicanal :** Les données clients seront utilisées pour personnaliser les interactions à travers tous les canaux, offrant une expérience sur mesure à chaque étape du parcours d'achat.

Adoption généralisée de l'e-commerce et du m-commerce

L'e-commerce et le m-commerce continueront de croître, devenant des piliers incontournables de la vente moderne.

Prédictions :

- **Croissance du m-commerce :** Avec l'augmentation de l'utilisation des smartphones, le commerce mobile deviendra encore plus dominant, notamment grâce aux applications et aux solutions de paiement mobile.
- **Plateformes de commerce social :** Les réseaux sociaux intègreront davantage de fonctionnalités de commerce, permettant aux utilisateurs d'acheter directement depuis les plateformes sociales.
- **Vente directe au consommateur (DTC) :** Les marques privilégieront de plus en plus la vente directe aux consommateurs via leurs propres sites web et applications, contournant les intermédiaires traditionnels.

Montée en puissance de l'intelligence client

L'intelligence client, basée sur l'analyse des données et la compréhension approfondie des comportements des clients, deviendra un atout stratégique majeur.

Prédictions :

- **Micro-segmentation :** Les entreprises utiliseront des analyses avancées pour segmenter leurs clients en groupes très spécifiques, permettant des stratégies marketing et de vente hyper-personnalisées.
- **Analyse en temps réel :** Les technologies d'analyse en temps réel fourniront des insights instantanés sur les interactions et les préférences des clients, permettant des ajustements rapides et ciblés.
- **Feedback et amélioration continue :** Les systèmes de feedback automatisés collecteront des données sur les expériences clients, favorisant une amélioration continue des produits et services.

Focus accru sur la durabilité et l'éthique

Les consommateurs étant de plus en plus conscients des enjeux environnementaux et sociaux, les entreprises devront intégrer des pratiques durables et éthiques dans leurs stratégies de vente.

Prédictions :

- **Transparence et responsabilité :** Les marques seront de plus en plus transparentes sur leurs pratiques environnementales et sociales, mettant en avant leur engagement envers la durabilité.
- **Produits durables :** La demande pour des produits durables et éthiques augmentera, poussant les entreprises à adopter des pratiques de production et de vente plus responsables.
- **Certification et labels :** Les certifications et labels environnementaux et sociaux joueront un rôle crucial dans le choix des consommateurs, influençant les décisions d'achat.

Renforcement de la formation et du développement des

compétences

Les compétences en vente évoluent avec les nouvelles technologies et les attentes des clients, nécessitant une formation continue et un développement des compétences.

Prédictions :

- **Learning & Development intégrés :** Les entreprises intégreront des programmes de formation continue directement dans leurs systèmes de gestion des ventes, utilisant des technologies telles que l'IA pour personnaliser les parcours d'apprentissage.
- **Formation en nouvelles technologies :** Les vendeurs devront être formés aux nouvelles technologies de vente, y compris l'utilisation des CRM avancés, des outils d'analyse et des plateformes numériques.
- **Soft skills et adaptabilité :** Le développement des compétences en communication, en empathie et en adaptabilité sera essentiel pour répondre aux attentes des clients et aux dynamiques changeantes du marché.

Conclusion

L'avenir de la vente sera marqué par une intégration croissante des technologies avancées, une approche centrée sur le client et une attention accrue à la durabilité et à l'éthique. Pour rester compétitives, les entreprises devront adopter ces évolutions, investir dans la formation continue de leurs équipes de vente et se concentrer sur la création d'expériences clients exceptionnelles. En anticipant ces tendances et en s'y adaptant de manière proactive, les professionnels de la vente pourront non seulement répondre aux attentes actuelles mais aussi se préparer aux défis et aux opportunités futurs.

CONCLUSION

La vente est un domaine dynamique en perpétuelle évolution, demandant une compréhension approfondie des techniques, des compétences interpersonnelles et des technologies modernes. Ce livre vous a guidé à travers les fondamentaux de la vente, du cycle de vente à la psychologie de l'acheteur, tout en explorant des techniques avancées et les innovations technologiques qui façonnent l'avenir du secteur.
Maîtriser les bases des techniques de vente et comprendre les différentes étapes du cycle de vente sont des compétences essentielles pour quiconque souhaite réussir dans ce domaine. La capacité à décoder les motivations des acheteurs et à établir des relations de confiance solides est un atout majeur qui peut faire toute la différence. Les études de cas et les témoignages de vendeurs chevronnés viennent enrichir cette connaissance en fournissant des exemples concrets et inspirants de succès.

Nous avons également mis en avant l'importance de la formation continue et du développement personnel, des éléments clés pour rester compétitif dans un environnement en constante mutation. La gestion du stress, la motivation, l'éthique et le réseautage sont des aspects fondamentaux qui contribuent à bâtir une carrière enrichissante et durable.

L'avenir de la vente sera profondément marqué par l'impact croissant des nouvelles technologies, l'intégration de l'intelligence artificielle et l'automatisation des processus. Pour profiter pleinement de ces évolutions, les vendeurs doivent adopter une approche proactive et s'engager dans un apprentissage continu.

En appliquant les principes et les stratégies abordés dans ce livre, les professionnels de la vente peuvent non seulement améliorer leurs performances, mais aussi créer des expériences client mémorables et établir des relations durables. Le succès en vente repose sur une combinaison de compétences techniques, de compréhension humaine et d'adaptabilité aux changements. Avec une approche réfléchie et engagée, chaque vendeur peut atteindre ses objectifs et exceller dans ce domaine exigeant mais gratifiant.

www.ingramcontent.com/pod-product-compliance
Lightning Source LLC
Chambersburg PA
CBHW050318230526
45471CB00005B/2245